LA LANGUE DES FRANÇAIS

Premier Livre

New Pictorial Edition

Part Two

by

J. R. WATSON

Illustrated by

W. BROWNING WHITE

GEORGE G. HARRAP & CO. LTD
London Toronto Wellington Sydney

First published in Great Britain 1972
by GEORGE G. HARRAP & CO. LTD
182–4 High Holborn, London, WCIV 7AX

Text © *J. R. Watson* 1972

Illustrations © *George G. Harrap & Co. Ltd* 1972

ISBN 0 245 50640 3

Composed in Ehrhardt type and printed by
William Clowes & Sons, Limited
London, Beccles and Colchester

Made in Great Britain

LA LANGUE DES FRANÇAIS

Premier Livre

Part Two

LA LANGUE DES FRANÇAIS
List of material available for this course

BOOK 1

Course Book: *Premier Livre* (Original Edition and New Pictorial Edition in two parts)
Tapes of all reading texts (three 5″ reels)
Tapes of supplementary oral exercises and structure drills (eight 5″ reels)
Tapescript booklet to accompany exercises
Audio-visual version: Stage 1 (Lessons 1–10), Stage 2 (Lessons 11–18), each comprising eight filmstrips, two 5″ tapes and tapescript.

BOOK 2

Course Book: *Deuxième Livre*
Tapes of all reading texts (three 5″ reels)
Tapes of supplementary oral exercises and structure drills (eight 5″ reels)
Tapescript booklet to accompany exercises

BOOK 3

Course Book: *Troisième Livre*
Tapes of all reading texts (three 5″ reels)
Tapes of supplementary oral exercises and structure drills (eight 5″ reels)
Tapescript booklet to accompany exercises

BOOK 4

Course Book: *Quatrième Livre*
Tapes of all reading texts (three 5″ reels)

Images et Vocabulaires. A book of picture vocabularies.
35 mm. black-and-white filmstrip of all the drawings in the above

By the same Author

Cent une Anecdotes faciles. A collection of short stories for training C.S.E. and 'O' Level pupils in aural comprehension and reproduction
Tapes (three 5″ reels). All the stories in the above read by native speakers

French Grammar in Action. A collection of drills, games, and ideas for the practice of grammar rules

Crin-blanc. A special school edition of the book by René Guillot

Père Castor Series. Simplified versions of the well-known full-colour picture story-books:

Trois petits cochons; La boîte à soleil; Histoire du Bébé Lion; Drôles de bêtes; La belle robe neuve d'Anne Catherine; La Grise et la Poulette

CONTENTS

Introduction of Verbs

Appendices

LEÇON ONZE—ONZIÈME LEÇON

LE PROFESSEUR: Dites-moi vos noms. Comment vous‿appelez-vous?

L'ÉLÈVE A: Je m'appelle Charles, monsieur.

LE PROFESSEUR: Et vous? Comment vous‿appelez-vous?

L'ÉLÈVE B: Je m'appelle Henri, monsieur.

AU BUREAU DE POSTE

(*Roger et Françoise entrent au bureau de poste*

*et vont au guichet.   Ils se trouvent derrière un vieux monsieur sourd
qui essaie d'envoyer un gros colis.)*

LE VIEUX MONSIEUR: Je veux envoyer ce colis à Marseille.
       L'EMPLOYÉ *(regarde le paquet énorme)*: Je regrette, mon-
               sieur, votre paquet est trop lourd.
LE VIEUX MONSIEUR: Comment!   Ce n'est pas mon tour!   Si, c'est
               mon tour.   *(Il regarde les jeunes gens.)*   Ces
               jeunes personnes sont après moi.   Elles
               doivent attendre.

L'EMPLOYÉ (*parle plus fort*): Non, monsieur! Je dis que votre colis est trop lourd. Nous ne pouvons pas accepter les colis qui sont trop lourds.

LE VIEUX MONSIEUR: Vous voulez accepter ce colis? Très bien. C'est combien?

L'EMPLOYÉ (*crie très fort*): Je dis non, monsieur! Nous ne pouvons pas accepter votre colis. Vous ne pouvez pas envoyer ce colis. Il — est — trop — lourd!

LE VIEUX MONSIEUR: Quelle impertinence! Je vais écrire au gouvernement. (*Il quitte le bureau de poste. Il est très fâché.*)

ROGER (*à l'employé*): Cinq timbres, s'il vous plaît, monsieur.

L'EMPLOYÉ: Quels timbres voulez-vous, jeune homme? De quelle valeur?

ROGER: Des timbres à vingt centimes, s'il vous plaît.

Et voulez-vous_envoyer ce télégramme?

(*L'employé compte les mots.*)

C'est combien?

L'EMPLOYÉ: Quatre francs avec les timbres.

(Roger cherche son argent dans sa poche.   Il ne trouve rien.

Il cherche dans l'autre poche.   Il ne trouve rien.   Il est très inquiet)

ROGER: Françoise, je ne peux pas trouver mon
argent.   Il doit être à la maison.

Quelles pièces as-tu dans ton porte-monnaie?   As-tu quatre
francs?

FRANÇOISE (*regarde dans son porte-monnaie*): J'ai quatre
francs et dix centimes.

ROGER: Prête-moi tes quatre francs, veux-tu?

FRANÇOISE (*donne les quatre pièces à son frère*): Voilà, Roger. Mais tu dois rendre l'argent plus tard.

ROGER: Oui, oui, bien sûr. Merci beaucoup. Tu es chic!

(*Il donne l'argent à l'employé.*) Voilà, monsieur.

L'EMPLOYÉ: Merci, jeune homme. Et voilà vos timbres.

Les sœurs sont quelquefois utiles, n'est-ce pas?

CHEZ L'ÉPICIER

(*La cliente entre dans l'épicerie.*)

L'ÉPICIER: Bonjour, madame.
LA CLIENTE: Bonjour, monsieur.

L'ÉPICIER: Que désirez-vous ce matin?
LA CLIENTE: Du vin, s'il vous plaît, monsieur.

(*Elle montre une bouteille.*)   Quel est le prix de cette bouteille?

L'ÉPICIER: Quelle bouteille, madame?   Cette bouteille-ci?

LA CLIENTE: Non, monsieur, cette bouteille-là.

L'ÉPICIER: Cette bouteille coûte deux francs, madame.
LA CLIENTE: Ce n'est pas cher.
L'ÉPICIER: Non, madame, c'est très bon marché.
LA CLIENTE: Alors, donnez-moi deux bouteilles de ce vin-là, s'il
vous plaît.

L'ÉPICIER: Avec plaisir, madame.

LA CLIENTE: Est-ce que vous vendez des‿œufs?

L'ÉPICIER: Mais oui, madame.　Nos‿œufs sont très frais.

LA CLIENTE: Donnez-moi une douzaine d'œufs, s'il vous plaît.

L'ÉPICIER (*compte les œufs*): Voilà, madame. Et avec ça?

LA CLIENTE: Avez-vous des sardines?
L'ÉPICIER: Non, madame, je regrette beaucoup. Nous n'avons pas de sardines.

LA CLIENTE: Alors, c'est tout, merci. Ça fait combien?

L'ÉPICIER: Ça fait quatre francs le vin et deux francs cinquante les_œufs. Six francs cinquante, s'il vous plaît, madame.

(*La cliente tend_un billet de cinquante francs à l'épicier.*) Avez-vous de la monnaie, madame?

LA CLIENTE: Non, monsieur, je regrette, je n'ai pas de monnaie.

L'ÉPICIER (*rend la monnaie à la cliente*): Voilà, madame.

LA CLIENTE: Merci, monsieur.

Voulez-vous mettre les‿œufs et le vin dans mon panier, s'il vous plaît ?

L'ÉPICIER : Avec plaisir, madame. Voilà, madame.

LA CLIENTE (*regarde un des‿œufs*) : Pardon, monsieur. Cet‿œuf est cassé.

L'ÉPICIER: Quel œuf, madame?   Cet_œuf-là?
LA CLIENTE: Oui, monsieur, cet_œuf-ci.

L'ÉPICIER: Pardon, madame.   Voici un_autre œuf.   Au revoir,
          madame, et merci beaucoup.
LA CLIENTE: Au revoir, monsieur.

PHRASES À RÉPÉTER

Voulez-vous envoyer ce télégramme?
Prêtez-moi de l'argent, s'il vous plaît.
Merci beaucoup, tu es chic!
Que désirez-vous ce matin?
Je regrette, je n'ai pas de monnaie.
Donnez-moi une douzaine d'œufs.

Dictées

1. Il attend ses neveux et ses nièces dans le salon.
2. Nous ne pouvons pas entendre les voitures. Elles sont trop loin.
3. Regarde le vieux monsieur à barbe blanche.
4. Ils cherchent les journaux de leur tante.
5. Nous allons faire une bonne surprise à notre oncle.
6. C'est trop cher. Ne dépense pas ton argent.

EXERCICES ORAUX

EXERCICE 1

Exemple : Je dois de l'argent à mon frère. *Indication :* tu
Répondez : Tu dois de l'argent à ton frère.
(1) Je dois de l'argent à mon frère: tu. (2) Hélène. (3) vous. (4) les sœurs. (5) nous. (6) les dames. (7) vous. (8) je.

EXERCICE 2

Exemple : Je dois travailler en classe. *Indication :* tu
Répondez : Tu dois travailler en classe.
(1) Je dois travailler en classe: tu. (2) Françoise. (3) nous. (4) les élèves. (5) je. (6) les enfants. (7) vous. (8) nous.

EXERCICE 3

Exemple: Je dis «au revoir» à mes parents. *Indication:* tu
Répondez: Tu dis «au revoir» à tes parents.

(1) Je dis «au revoir» à mes parents: tu. (2) nous. (3) les enfants.
(4) vous. (5) les cousins. (6) nous. (7) vous. (8) je.

EXERCICE 4

Exemple: Donnez-moi cette bouteille.
Répondez: Quelle bouteille? Cette bouteille-là?

(1) Donnez-moi cette bouteille. (2) Donnez-moi cette boîte. (3)
Donnez-moi ce crayon. (4) Donnez-moi ces livres. (5) Donnez-moi
ce papier. (6) Donnez-moi cette règle. (7) Donnez-moi ce canif.
(8) Donnez-moi cette craie.

EXERCICE 5

Exemple: Voulez-vous du fromage?
Répondez: Non merci, pas de fromage.

(1) Voulez-vous du fromage? (2) Voulez-vous de la farine? (3)
Voulez-vous des cigarettes? (4) Voulez-vous des sardines? (5)
Voulez-vous du poisson? (6) Voulez-vous du beurre? (7) Voulez-
vous du lait? (8) Voulez-vous des œufs?

EXERCICE 6

Exemple: A-t-il un crayon?
Répondez: Non, il n'a pas de crayon.

(1) A-t-il un crayon? (2) A-t-il un canif? (3) A-t-il une gomme?
(4) A-t-il un frère? (5) A-t-il une sœur? (6) A-t-il un stylo? (7)
A-t-il une montre? (8) A-t-il un chien?

EXERCICE 7

Exemple: Avez-vous une queue?
Répondez: Non, je n'ai pas de queue.

(1) Avez-vous une queue? (2) Avez-vous un rat dans votre poche?
(3) Avez-vous de l'encre sur le nez? (4) Avez-vous un crocodile sous
votre chaise? (5) Avez-vous des bonbons dans la bouche? (6)
Mangez-vous des souris? (7) Est-ce qu'un poisson a des jambes?
(8) Est-ce qu'un boulanger vend du lait? (9) Est-ce qu'un boucher
vend du pain? (10) Est-ce qu'un épicier vend des bicyclettes?

EXERCICE 8

Exemple : Nous répondons aux questions.
Répondez : Je réponds à la question.

(1) Nous répondons aux questions. (2) Nous répondons aux enfants.
(3) Nous répondons aux élèves. (4) Nous répondons aux hommes.
(5) Nous entendons les enfants. (6) Nous entendons les chevaux.
(7) Nous entendons les animaux. (8) Nous entendons les voix.

EXERCICE 9

Exemple : Cet épicier vend l'œuf.
Répondez : Ces épiciers vendent les œufs.

(1) Cet épicier vend l'œuf. (2) Cet homme vend la voiture. (3) Cette personne vend le gâteau. (4) Cette dame vend le journal. (5) Cet homme attend le train. (6) Cette femme attend l'autobus. (7) Cet homme attend l'animal. (8) Ce cheval attend le morceau de sucre.

EXERCICE 10

Répondez aux questions :

(1) Où vont les enfants pour acheter des timbres ?
(2) Qu'est-ce que le vieux monsieur veut envoyer à Marseille ?
(3) Est-ce que l'employé peut accepter le colis ?
(4) Pourquoi pas ?
(5) Est-ce que le vieux monsieur entend très bien ?
(6) Est-ce que le vieux monsieur est content ?
(7) Combien de timbres est-ce que Roger veut ?
(8) De quelle valeur ?
(9) Roger veut aussi envoyer un télégramme. Qu'est-ce que l'employé compte ?
(10) Est-ce que Roger peut payer ?
(11) Pourquoi pas ?
(12) Où est son argent ?
(13) Combien de francs est-ce que Françoise prête à Roger ?
(14) Qu'est-ce que Roger dit à Françoise ?
(15) Et que dit l'employé ?

EXERCICE 11

Répondez aux questions :

(1) Que dit l'épicier quand la cliente entre ?
(2) Qu'est-ce qu'elle désire ?
(3) Combien de bouteilles veut-elle ?

(4) Combien coûte la bouteille de vin?
(5) C'est cher?
(6) Quel est le contraire de «cher»?
(7) Combien d'œufs est-ce que la cliente veut?
(8) Comment sont les œufs que l'épicier vend?
(9) Est-ce que l'épicier a des sardines?
(10) La cliente tend un billet de cinquante francs à l'épicier. N'a-t-elle
      pas de monnaie?
(11) Où est-ce que l'épicier place les œufs?
(12) La cliente regarde un des œufs. Que dit-elle?
(13) Que fait l'épicier?
(14) Que dit l'épicier quand la dame quitte son magasin?
(15) Que répond la dame?

EXERCICES ÉCRITS

1. Who says the following to whom and when? Choose the correct
answer from each group of four.

(i) « Il est trop lourd. »

   A. Roger à Françoise quand ils remplissent le panier.
   B. La cliente à l'épicier quand il met les bouteilles dans son panier.
   C. L'employé au vieux monsieur quand il veut envoyer son gros
      colis.
   D. Roger à sa sœur quand elle place le grand bol sur la table.

(ii) « De quelle valeur? »

   A. La cliente à l'épicier quand il demande: « Avez-vous de la
      monnaie, madame? »
   B. L'employé à Roger quand il veut envoyer un télégramme.
   C. L'épicier à la cliente quand elle demande une bouteille de vin.
   D. L'employé à Roger quand il demande cinq timbres.

(iii) « As-tu quatre francs? »

   A. Roger à sa sœur quand il ne peut pas trouver son argent.
   B. L'employé à Roger quand il demande des timbres.
   C. L'épicier à sa cliente quand elle choisit le vin.
   D. Madame Duroc au boucher quand elle achète de la viande.

(iv) « Tu es chic. »

    A. M. Postillon à Roger quand il travaille mal.
    B. M. Duroc à Roger quand il arrose Françoise.
    C. Roger à sa sœur quand elle dit: « Voilà quatre francs. »
    D. La cliente à l'épicier quand il dit: « Voici un autre œuf. »

(v) « Avez-vous des sardines? »

    A. M. Grinchu à Mme Legros quand elle ouvre la porte.
    B. Mme Duroc à Françoise quand elle rentre à la maison.
    C. La cliente à l'épicier quand elle fait ses courses.
    D. M. Duroc à sa femme quand il rentre de son bureau.

(vi) « Je regrette, je n'ai pas de monnaie. »

    A. M. Duroc à sa femme quand elle demande de l'argent.
    B. Roger à sa sœur quand il ne peut pas trouver son argent.
    C. La cliente à l'épicier quand elle tend un billet de 50 francs.
    D. L'employé au vieux monsieur quand il essaie d'envoyer son gros colis.

2. Choose the correct reply to each question from the four given.

(i) Pourquoi est-ce que Roger entre au bureau de poste?

    A. Parce qu'il cherche son chien.
    B. Parce qu'il veut envoyer un télégramme.
    C. Parce qu'il veut remplir son panier.
    D. Parce qu'il ne peut pas ~~trouver~~ son argent.

(ii) Pourquoi est-ce que l'employé ne veut pas accepter le colis du vieux monsieur?

    A. Parce que l'homme est très fâché.
    B. Parce qu'il ne peut pas lire l'adresse.
    C. Parce que le guichet est fermé.
    D. Parce que le paquet est trop lourd.

(iii) Pourquoi est-ce que le vieux monsieur ne peut pas entendre?

    A. Parce qu'il est sourd.
    B. Parce qu'il va écrire au gouvernement.
    C. Parce qu'il est en colère.
    D. Parce que ce n'est pas son tour.

(iv) Pourquoi est-ce que Roger est inquiet?

    A. Parce que l'employé compte les mots du télégramme.
    B. Parce que les timbres sont très chers.
    C. Parce qu'il ne peut pas trouver son argent.
    D. Parce que l'employé crie très fort.

 (v) Pourquoi est-ce que la cliente dit: « Ce n'est pas cher »?

    A. Parce qu'elle n'aime pas le vin.
    B. Parce qu'elle n'a pas de monnaie.
    C. Parce que le vin coûte beaucoup d'argent.
    D. Parce que le vin est très bon marché.

(vi) Pourquoi est-ce que la cliente regarde un des œufs?

    A. Parce qu'elle est gourmande.
    B. Parce qu'il n'est pas frais.
    C. Parce qu'il est cassé.
    D. Parce qu'elle déteste l'épicier.

3. Reply to the following questions, choosing the second of the two alternatives offered.

EXAMPLE: Puis-je commencer maintenant ou dois-je attendre?
        Tu dois attendre.

  (i) Puis-je commencer maintenant ou dois-je attendre? (*Tu*......).
 (ii) Pouvez-vous rester à la campagne ou devez-vous retourner à la ville? (Nous......)
(iii) Et Françoise? (Elle......)
(iv) Peux-tu rester au lit ou dois-tu aller à l'école? (Je......)
 (v) Pouvons-nous jouer ou devons-nous travailler? (Vous......)
(vi) Et les autres? (Ils......).

4. Reply again to the questions in the previous exercise (Ex. 3), but this time choose the first of the two alternatives given.

EXAMPLE: Puis-je commencer maintenant ou dois-je attendre?
        Tu peux commencer maintenant.

LEÇON DOUZE—DOUZIÈME LEÇON

LE PROFESSEUR: Bonjour, mes enfants.
  LA CLASSE: Bonjour, monsieur. (*Quelqu'un frappe à la porte.*)
           On frappe, monsieur.
LE PROFESSEUR: Entrez!
    L'ÉLÈVE: Je m'excuse d'être en retard, monsieur.
LE PROFESSEUR: Asseyez-vous vite.   Ne perdons pas de temps.

LA COURSE D'OBSTACLES

Un jour monsieur Petirond et monsieur Maigrecorps décident de faire une course d'obstacles.

« Petirond est gros et ses jambes sont courtes, dit M. Maigrecorps.　Je suis sûr que je vais gagner.　Je ne peux pas perdre. »

« Les jambes de Maigrecorps sont longues, c'est vrai, pense
M. Petirond, mais elles
sont minces et faibles.　Je
vais certainement gagner.
Je ne peux pas perdre. »

Enfin le grand jour arrive.

Quelqu'un donne le signal
du départ.

D'abord chaque homme
doit passer entre deux
hauts murs. Le passage
est étroit.

C'est facile pour M.
Maigrecorps, qui est
mince,

mais c'est très difficile pour le pauvre M. Petirond qui est gros.

— Ouf! dit-il. Ce n'est pas possible. Ce n'est pas assez large pour moi!

Avec colère il regarde M. Maigrecorps qui passe facilement entre les deux murs.

Pendant que M. Petirond essaie d'arriver au bout du passage étroit,

M. Maigrecorps va vers la rivière qui est le prochain obstacle.

Sur la rivière il y a deux ponts

et sur chaque pont il y a un écriteau.   L'un porte le mot « sûr »
et l'autre porte le mot « dangereux ».

M. Maigrecorps regarde les deux ponts, puis il regarde M. Petirond qui est toujours coincé entre les deux murs. Il a une idée. (Je regrette de vous dire que son idée n'est pas très honnête. Non, elle est très malhonnête. Il va tricher!)

Il change les deux écriteaux. Puis, il traverse la rivière par le pont qui est maintenant marqué « dangereux ». Mais les planches sont neuves et bonnes et il arrive facilement de l'autre côté.

Enfin M. Petirond arrive à la rivière.   Il regarde les deux ponts.
— Ah! dit-il, un pont est sûr

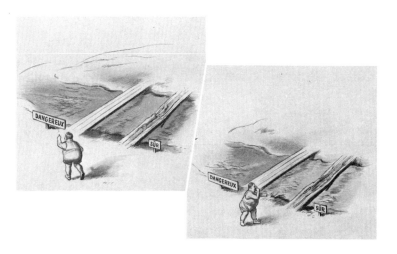

et l'autre pont est dangereux.   Heureusement ils sont marqués.
Je vais prendre le pont qui est marqué « sûr ».

Il commence à traverser
le pont, mais les planches
sont vieilles et mauvaises et

quand il arrive au milieu

il entend un craquement
sinistre.

Puis, floc! il tombe dans
l'eau froide de la rivière.

Il nage jusqu'à l'autre côté

et grimpe sur la rive.

L'un après l'autre, M. Maigrecorps trouve tous les obstacles très faciles, mais le pauvre M. Petirond, qui a les jambes courtes, trouve les obstacles très difficiles et il est toujours derrière son rival.

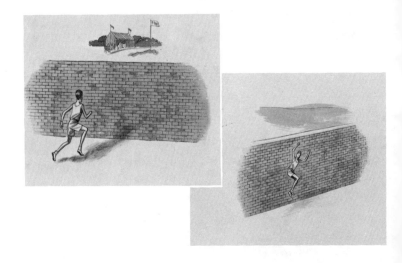

Enfin, M. Maigrecorps arrive au dernier obstacle qui est un très haut mur. Il arrive vite de l'autre côté.

— Ha! ha! dit-il avec un rire. Petirond est trop gros pour grimper par-dessus ce mur. J'ai assez de temps pour me reposer un peu sur l'herbe.

Mais malheureusement il est fatigué et le soleil est chaud.

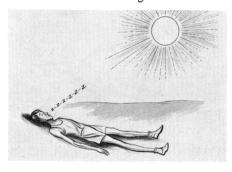

Bientôt il commence à ronfler.

Enfin M. Petirond arrive au mur.

— Oh! là! là! dit-il. Qu'il est haut! Je ne peux pas grimper par-dessus ce mur-là! Il n'est pas assez bas.

Le pauvre M. Petirond est très malheureux. Mais parce qu'il est courageux aussi, il arrive de l'autre côté.

Mais bonté divine! Qu'est-ce que c'est que ça sur l'herbe à côté de la route? C'est M. Maigrecorps qui dort et qui ronfle très fort!

M. Petirond est très content. Maintenant il ne peut pas perdre.

Doucement il trotte vers la fin de la course.

Enfin M. Maigrecorps arrive.

— Nom d'un chien! crie-t-il quand_il voit que le gros Petirond est déjà là.

— Bonjour, M. le Lièvre, dit M. Petirond avec un rire.

La tortue arrive la première après tout!

Mais M. Maigrecorps n'est pas content. Non, il boude. Il n'aime pas perdre.

PHRASES À RÉPÉTER

Je suis sûr que je vais gagner.
Son idée n'est pas très honnête.
Il va battre son vieil ennemi.
Il est fatigué et le soleil est chaud.
Oh! là! là! Qu'il est haut!
Le gros monsieur est déjà là.

Dictées

1. Quelles bouteilles, madame? Ces bouteilles-là?
2. Avez-vous de la monnaie? Non, je n'ai pas de monnaie.
3. Quel est le prix de ces œufs? Un franc vingt-cinq la douzaine.
   C'est bon marché.
4. Quelle impertinence! Ils ne veulent pas prendre mon colis.
5. Les sœurs sont quelquefois utiles, n'est-ce pas?
6. Vendent-ils des sardines? Non, ils ne vendent pas de sardines.

EXERCICES ORAUX

EXERCICE 1

Exemple :   Les soldats sont là?
Répondez : Oui, tous les soldats.
Exemple :   Les dames sont là?
Répondez : Oui, toutes les dames.

   (1) Les soldats sont là? (2) Les dames sont là? (3) Les animaux sont là? (4) Les provisions sont là? (5) Les timbres sont là? (6) Les vaches sont là? (7) Les gens sont là? (8) Les femmes sont là?

EXERCICE 2

Exemple :   Je prends le vin?
Répondez : Oui, prenez tout le vin.
Exemple :   Je prends la monnaie?
Répondez : Oui, prenez toute la monnaie.

   (1) Je prends le vin? (2) Je prends la monnaie? (3) Je prends le beurre? (4) Je prends la farine? (5) Je prends l'argent? (6) Je prends la viande? (7) Je prends le fromage? (8) Je prends la ficelle?

EXERCICE 3

Exemple :   Roger est honnête. Il agit . . . ?
Répondez : Il agit honnêtement.

 (1) Roger est honnête. Il agit . . . ?
 (2) Monsieur Postillon est furieux. Il crie . . . ?
 (3) Le soldat est courageux. Il agit . . . ?
 (4) Le train est lent. Il va . . . ?
 (5) Marie est triste. Elle pleure . . . ?
 (6) Jean-Pierre est poli. Il parle . . . ?
 (7) Le professeur est sévère. Il punit . . . ?
 (8) L'épicier est aimable. Il parle . . . ?

EXERCICE 4

Exemple :   Un bon stylo écrit bien. Et un mauvais stylo ?
Répondez : Un mauvais stylo écrit mal.
Exemple :   Une bonne montre marche bien. Et une mauvaise montre ?
Repondez : Une mauvaise montre marche mal.

 (1) Un bon stylo écrit bien. Et un mauvais stylo ?
 (2) Une bonne montre marche bien. Et une mauvaise montre ?
 (3) Un bon cheval trotte bien. Et un mauvais cheval ?
 (4) Une bonne voiture roule bien. Et une mauvaise voiture ?
 (5) Un mauvais pistolet tire mal. Et un bon pistolet ?
 (6) Une mauvaise roue tourne mal. Et une bonne roue ?
 (7) Une mauvaise voix chante mal. Et une bonne voix ?
 (8) Un mauvais canif coupe mal. Et un bon canif ?

EXERCICE 5

Exemple :   Y-a-t-il des bonbons dans votre bouche ?
Répondez : Non, il n'y a pas de bonbons dans ma bouche.

 (1) Y a-t-il des bonbons dans votre bouche ? (2) Y a-t-il un crocodile dans votre pupitre ? (3) Y a-t-il de l'encre sur votre nez ? (4) Y a-t-il un éléphant dans la salle de classe ? (5) Y a-t-il de l'argent dans votre main ? (6) Y a-t-il de la limonade dans votre encrier ? (7) Y a-t-il des soldats dans le jardin ? (8) Y a-t-il du papier buvard dans un gâteau ? (9) Y a-t-il un trou dans votre chaussette ? (10) Y a-t-il des animaux sur la lune ?

EXERCICE 6

Exemple :   C'est bon.
Répondez : Non, ce n'est pas bon, c'est mauvais.

 (1) C'est bon. (2) C'est haut. (3) C'est large. (4) C'est facile. (5) C'est grand. (6) C'est long. (7) C'est neuf. (8) C'est chaud.

EXERCICE 7

Exemple :   Je mets mes gants. *Indication :* tu
Répondez :   Tu mets tes gants.

(1) Je mets mes gants: tu. (2) Sophie. (3) les enfants. (4) vous.
(5) tu. (6) nous. (7) je. (8) Philippe.

EXERCICE 8

Exemple :   Je mets du beurre dans le gâteau ?
Répondez :   Oui, mettez du beurre.
Exemple :   Je mets du fromage dans le gâteau ?
Répondez :   Non ! Ne mettez pas de fromage.

(1) Je mets du beurre dans le gâteau ? (2) Je mets du fromage dans
le gâteau ? (3) Je mets des raisins secs dans le gâteau ? (4) Je mets des
sardines dans le gâteau ? (5) Je mets de la farine dans le gâteau ?
(6) Je mets de la craie dans le gâteau ? (7) Je mets des œufs dans le
gâteau ? (8) Je mets de l'encre dans le gâteau ?

EXERCICE 9

Exemple :   Je prends l'autobus. *Indication :* tu
Répondez :   Tu prends l'autobus.

(1) Je prends l'autobus: tu. (2) Marie. (3) les hommes. (4) vous.
(5) Marc. (6) nous. (7) tu. (8) tout le monde.

EXERCICE 10

Exemple :   Son cousin prend beaucoup de sucre.
Répondez :   Ses cousins prennent beaucoup de sucre.

(1) Son cousin prend beaucoup de sucre. (2) Son frère prend beaucoup
de sel. (3) Son ami prend beaucoup de vin. (4) Son professeur
prend beaucoup de temps. (5) Son élève prend beaucoup de soin.

EXERCICE 11

Répondez aux questions :

(1) Qu'est-ce que M. Petirond et M. Maigrecorps décident de faire ?
(2) Comment sont les jambes de Petirond ?
(3) Comment sont les jambes de Maigrecorps ?
(4) Est-ce que le passage entre les deux murs est étroit ou large ?
(5) Pourquoi est-ce que M. Petirond ne peut pas passer facilement ?
(6) Est-ce que c'est difficile pour M. Maigrecorps ?
(7) Quel est le prochain obstacle ?
(8) Combien de ponts y a-t-il sur cette rivière ?

(9) Un pont est marqué «sûr». Comment est marqué l'autre pont?
(10) Est-ce que les idées de M. Maigrecorps sont toujours honnêtes?
(11) Qu'est-ce qu'il va faire?
(12) Est-ce que vous trichez?
(13) Comment est-ce que M. Maigrecorps triche? Que fait-il?
(14) Quand M. Petirond arrive, quel pont est-ce qu'il choisit?
(15) Est-ce qu'il traverse le pont?
(16) Comment est l'eau? Chaude?
(17) Quel est le dernier obstacle?
(18) Pourquoi est-ce que M. Maigrecorps se repose sur l'herbe?
(19) C'est M. Maigrecorps ou M. Petirond qui gagne la course?
(20) M. Maigrecorps n'aime pas perdre. Que fait-il?

EXERCICES ÉCRITS

1. Complete each of the following sentences, choosing the most suitable of the four endings given.

(i) Un jour M. Petirond et M. Maigrecorps décident de

A. passer la journée à la campagne.
B. faire des courses au marché.
C. faire une course d'obstacles.
D. pêcher dans la rivière.

(ii) D'abord chaque homme doit passer entre deux hauts murs. C'est facile pour M. Maigrecorps

A. qui aime les obstacles.
B. qui est mince.
C. qui est grand.
D. qui va gagner.

(iii) C'est très difficile pour le pauvre Petirond

A. qui est petit.
B. qui est faible.
C. qui est gros.
D. qui est honnête.

(iv) M. Maigrecorps regarde les deux ponts.   Il a une idée.   Il va

    A. changer les écriteaux.
    B. changer les ponts.
    C. attendre son rival.
    D. trotter vers la fin de la course.

 (v) M. Maigrecorps grimpe par-dessus le dernier obstacle et arrive de l'autre côté. « J'ai assez de temps, dit-il,

    A. pour ronfler un peu. »
    B. pour me reposer sur l'herbe. »
    C. pour faire des courses au marché. »
    D. pour pêcher dans la rivière. »

(vi) M. Maigrecorps n'aime pas perdre.   Non,

    A. il pleure.
    B. il frappe M. Petirond.
    C. il boude.
    D. il regarde par terre.

2. What were the questions which received the following replies? Choose from each group of four.

 (i) Non, Petirond est gros et ses jambes sont courtes.

    A. Comment sont les jambes de Petirond ?
    B. Est-ce que Petirond est grand et mince ?
    C. Est-ce que Petirond est sûr qu'il va gagner ?
    D. Est-ce que M. Petirond et M. Maigrecorps décident de faire une course d'obstacles ?

(ii) Non, il va tricher.

    A. Est-ce que M. Maigrecorps est malhonnête ?
    B. Est-ce que M. Maigrecorps change les écriteaux ?
    C. Est-ce que l'idée de M. Maigrecorps est très honnête ?
    D. Est-ce que M. Maigrecorps est devant son rival ?

(iii) « Ah, un pont est sûr et l'autre pont est dangereux. »

    A. Combien de ponts y a-t-il sur la rivière ?
    B. Que dit M. Petirond quand il regarde les deux ponts ?
    C. Comment sont marqués les deux ponts ?
    D. Que dit M. Maigrecorps quand il traverse la rivière ?

(iv) Non, il tombe dans l'eau froide de la rivière.

    A. Est-ce que M. Petirond nage jusqu'à l'autre côté de la rivière ?
    B. Est-ce que M. Petirond prend le pont marqué « sûr » ?
    C. Est-ce que M. Petirond entend un craquement sinistre ?
    D. Est-ce que M. Petirond traverse la rivière par le pont ?

(v) Oui, il est toujours derrière son rival.

    A. Est-ce que M. Petirond trouve les obstacles très difficiles ?
    B. Est-ce que M. Petirond est trop gros pour grimper par-dessus le mur ?
    C. Est-ce que M. Maigrecorps est très fatigué ?
    D. Est-ce que M. Maigrecorps gagne la course ?

(vi) Parce que le mur est très haut.

    A. Pourquoi est-ce que M. Maigrecorps trouve les obstacles très faciles ?
    B. Pourquoi est-ce que M. Petirond dit: « Oh! là! là! » quand il arrive au dernier obstacle ?
    C. Pourquoi est-ce que M. Maigrecorps dit: « Nom d'un chien! » ?
    D. Pourquoi est-ce que M. Petirond est très content ?

3. Answer the following questions.

EXAMPLE: Il prend du sucre dans son thé. Et toi ?
        Moi aussi, je prends du sucre dans mon thé.

A. (i) Il prend du sucre dans son thé. Et toi ? (Moi aussi, je . . .)
    (ii) Les enfants prennent le car. Et moi ? (Toi aussi, tu . . .)
    (iii) La cliente prend deux bouteilles de vin. Et les autres ? (Eux aussi, ils . . .)
    (iv) Il prend le train. Et nous ? (Vous aussi, vous . . .)
    (v) Je prends l'avion. Et vous ? (Nous aussi, nous . . .)
    (vi) Nous prenons un taxi. Et M. Duroc ? (Lui aussi, il . . .)

B. (i) Je mets les fleurs dans un vase. Et Mme Duroc? (Elle aussi, elle . . .)

(ii) Tu mets les souliers noirs. Et les enfants? (Eux aussi, ils . . .)

(iii) Le professeur met la craie dans une boîte. Et vous? (Nous aussi, nous . . .)

(iv) L'élève met les crayons dans le plumier. Et nous? (Vous aussi, vous . . .)

(v) Françoise met le gâteau dans le four. Et moi? (Toi aussi, tu . . .)

(vi) Mme Dupont met du sucre dans le café. Et toi? (Moi aussi, je . . .)

LEÇON TREIZE—TREIZIÈME LEÇON

LE PROFESSEUR: Si je parle trop vite, qu'est-ce que vous devez dire?
LA CLASSE: Pardon, monsieur, je ne comprends pas. Voulez-vous parler plus lentement, s'il vous plaît?
LE PROFESSEUR: C'est ça.
    (*Note:* **comprendre** is conjugated like **prendre**.)

LE PIQUE-NIQUE

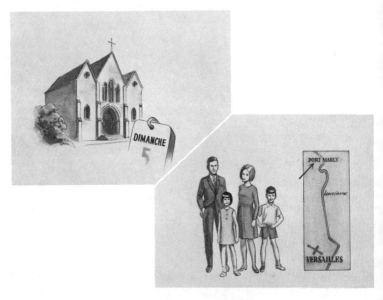

C'est dimanche. Roger et Françoise passent quelques jours avec leurs parents chez des amis à Port-Marly, non loin de Versailles.

Quand la famille sort de l'église, les jeunes gens demandent à leur mère la permission de faire un pique-nique dans la forêt.

Mme Duroc donne la permission et les enfants aident leur mère à préparer le repas.

Quand tout est prêt, Roger prend le panier et l'attache à son vélo.

Puis, les enfants sortent de la maison et partent pour la forêt.

Quand ils arrivent, ils cherchent un bon endroit pour faire leur pique-nique. Roger cherche à droite et Françoise cherche à gauche.

FRANÇOISE: Regarde, Roger! Voilà un bel endroit!

ROGER: Où?

FRANÇOISE: Là-bas. Il y a un bel endroit de l'autre côté de cette barrière-là. Nous allons être à l'ombre.

ROGER: Bon. Laissons nos bicyclettes ici sur l'herbe.

(*Il grimpe sur la barrière. Malheureusement il déchire sa culotte sur un clou. Il la regarde*)

ROGER : Accident numéro un !　Tant pis !　C'est seulement une vieille culotte.

FRANÇOISE : Oh, Roger !　Elle est neuve !　C'est la première fois que tu la portes !

ROGER : Ce n'est pas grave.　Maman va la raccommoder.

Prenons notre pique-nique.

FRANÇOISE : Déjà ?

ROGER : Oui. Voici un vieil arbre. Nous‿allons être à l'ombre sous les branches. Ouvre le panier. Qu'est-ce que nous‿avons ?

FRANÇOISE : Il y a un paquet de sandwichs au fromage, un paquet de sandwichs à la confiture, deux‿œufs durs, quelques bananes, de belles pommes et deux bouteilles de limonade.

ROGER: Chouette!

FRANÇOISE: Nous ne pouvons pas manger tout cela!

ROGER: Si! Je peux le manger!

FRANÇOISE: Gourmand!

ROGER: Je ne suis pas gourmand!

(*Il donne de la limonade à sa sœur, puis_il prend la bouteille. Tout_à coup il pousse un cri perçant.*) Aïe!

FRANÇOISE: Qu'est-ce qu'il y a?

ROGER: Il y a quelque chose qui me pique.

FRANÇOISE: C'est peut-être une guêpe.   Regarde.

ROGER (*regarde sa jambe*): Non, c'est seulement un chardon.

(*Il essaie d'ôter le chardon,*

mais il oublie la bouteille dans l'autre main

et il se donne une bonne douche de limonade.)

Oh! La barbe! Regarde ma chemise. Elle est toute
mouillée.

FRANÇOISE: Faisons du feu.   Nous pouvons peut-être la sécher.
ROGER: Bonne idée.   Cherchons des feuilles sèches et des
             morceaux de bois.

FRANÇOISE:
As-tu des allumettes?

ROGER:
Non, je n'ai pas d'allumettes.

Mais j'ai une loupe.   Avec la loupe et les rayons du soleil nous pouvons_allumer le feu.

(Roger trouve des feuilles sèches

et à l'aide de la loupe et des rayons du soleil il fait du feu.

Puis il ôte sa chemise

qu'il met devant les flammes.)

FRANÇOISE: Attention! Tu la brûles!

(Roger saisit vite la chemise

mais c'est trop tard.)

FRANÇOISE: Accident numéro deux!

ROGER: Tant pis!   C'est seulement une vieille chemise.
FRANÇOISE: Roger!   Tu mens!   Elle est neuve aussi.
ROGER: Oh! là! là!   Les filles!   Regarde!   C'est seulement
un petit trou.   Maman va la raccommoder.   Ce
n'est pas ton affaire!

Le reste de l'après-midi passe sans autre accident, mais quand Roger raconte l'histoire de la culotte déchirée et de la chemise brûlee sa mère est furieuse.

— Roger! dit-elle sévèrement, ta nouvelle culotte et ta nouvelle chemise!

Tu vas monter tout de suite au lit sans souper.

Très fâché Roger monte dans sa chambre.   Quelle fin triste à une bonne journée!

PHRASES À RÉPÉTER

Roger cherche à droite, Françoise à gauche.
Voilà un bel endroit.
Nous‿allons être à l'ombre.
Qu'est-ce qu'il y a?
Je n'ai pas d'allumettes.
Cherchons des feuilles sèches et du bois.

Dictées

1. Ces vieilles dames sont belles et heureuses.
2. Le nouvel élève vole avec le bel aviateur dans‿un vieil avion.
3. La basse-cour est pleine de beaux‿animaux.
4. Ces jeunes filles gagnent tous les prix dans toutes les classes.
5. Les‿enfants doivent‿être polis et parler poliment.
6. Une bonne montre marche bien mais‿une mauvaise montre marche mal.

EXERCICES ORAUX

EXERCICE I

Exemple : Vous prenez le crayon ?
Répondez : Oui, je le prends.
Exemple : Vous prenez les œufs ?
Répondez : Oui, je les prends.

(1) Vous prenez le crayon ? (2) Vous prenez les œufs ? (3) Vous prenez la monnaie ? (4) Vous prenez le gâteau ? (5) Vous prenez les cigarettes ? (6) Vous prenez la confiture ? (7) Vous prenez le pain ? (8) Vous prenez l'argent ?

EXERCICE 2

Exemple : Tu le prends ?
Répondez : Non, je ne le prends pas.

(1) Tu le prends ? (2) Tu le dis ? (3) Tu le veux ? (4) Tu le mets ? (5) Tu le fais ? (6) Tu l'aimes ?

EXERCICE 3

Exemple : Va-t-il faire le travail ?
Répondez : Oui, il va le faire.

(1) Va-t-il faire le travail ? (2) Va-t-il battre son ennemi ? (3) Va-t-il gagner la course ? (4) Va-t-il remplir la bouteille ? (5) Va-t-il prendre les provisions ? (6) Va-t-il raconter l'histoire ? (7) Va-t-il allumer le feu ? (8) Va-t-il envoyer le paquet ?

EXERCICE 4

Exemple : Touchez-le !
Répondez : Non ! ne le touchez pas !

(1) Touchez-le ! (2) Mangez-les ! (3) Cassez-le ! (4) Prenez-la ! (5) Frappez-les ! (6) Cherchez-la !

EXERCICE 5

Exemple : Ne le touchez pas !
Répondez : Si ! Touchez-le !

(1) Ne le touchez pas ! (2) Ne la cassez pas ! (3) Ne les mangez pas ! (4) Ne le prenez pas ! (5) Ne le dites pas ! (6) Ne la cherchez pas !

EXERCICE 6

Exemple :   Est-ce que Roger déchire sa culotte?
Répondez : Oui, il la déchire.

(1) Est-ce que Roger déchire sa culotte? (2) Est-ce qu'il brûle sa chemise? (3) Est-ce que les enfants trouvent le bel endroit? (4) Est-ce que Roger attache le panier? (5) Les enfants mangent-ils les sandwichs? (6) Est-ce que le chardon pique Roger? (7) Est-ce qu'ils allument le feu? (8) Roger oublie-t-il la bouteille? (9) Roger raconte-t-il l'histoire?

EXERCICE 7

Exemple :   du café, une tasse.
Répondez : une tasse de café.

(1) du café, une tasse. (2) des sandwichs, un paquet. (3) de l'argent, un sac. (4) des fruits, un panier. (5) du sucre, un kilo. (6) de l'eau, un verre. (7) des chocolats, une boîte. (8) des œufs, une douzaine. (9) de l'encre, une bouteille. (10) de la confiture, un pot.

EXERCICE 8

Exemple :   Ses arbres sont beaux.
Répondez : Oui, il a de beaux arbres.

(1) Ses arbres sont beaux. (2) Ses fleurs sont belles. (3) Ses jambes sont longues. (4) Ses pelouses sont jolies. (5) Ses pommes sont belles. (6) Ses enfants sont beaux.

EXERCICE 9

Exemple :   Quand il dort, il ronfle. *Indication :* tu
Répondez : Quand tu dors, tu ronfles.

(1) Quand il dort, il ronfle: tu. (2) Roger. (3) vous. (4) mes grands-parents. (5) ma tante. (6) je. (7) nous. (8) papa.

EXERCICE 10

Exemple :   Je sors de la maison. *Indication :* tu
Répondez : Tu sors de la maison.

(1) Je sors de la maison: tu. (2) Philippe. (3) nous. (4) les enfants (5) je. (6) maman. (7) vous. (8) nos parents.

EXERCICE 11

Exemple :   Je pars pour la forêt. *Indication :* tu
Répondez : Tu pars pour la forêt.

(1) Je pars pour la forêt: tu. (2) vous. (3) papa. (4) nous. (5) nos amis. (6) maman. (7) je. (8) mes parents.

EXERCICE 12

Vous regardez dans la vitrine d'un magasin. Vous avez exactement 10 francs.

Exemple: Voilà un canif. Prix 5 francs.
Répondez: Bon, j'ai assez d'argent.
Exemple: Voilà une locomotive. Prix 15 francs.
Répondez: Dommage! C'est trop cher.

(1) Voilà un canif. Prix 5 francs. (2) Voilà une locomotive. Prix 15 francs. (3) Voilà un pistolet. Prix 4 francs. (4) Voilà un bateau. Prix 18 francs. (5) Voilà un stylo. Prix 8 francs. (6) Voilà un bel avion. Prix 20 francs.

EXERCICE 13

Répondez aux questions:

(1) Où va la famille Duroc le dimanche matin?
(2) Quand la famille sort de l'église, qu'est-ce que les jeunes Duroc veulent faire?
(3) Où veulent-ils aller?
(4) Est-ce que Mme Duroc donne la permission?
(5) Qu'est-ce que les enfants aident leur mère à préparer?
(6) Où est-ce que Roger attache le panier?
(7) Qu'est-ce que les enfants cherchent?
(8) Roger cherche à droite ... et Françoise? Où est-ce qu'elle cherche?
(9) Où est-ce que les enfants laissent leurs bicyclettes?
(10) Roger grimpe sur la barrière. Qu'est-ce qu'il déchire?
(11) Est-ce que Roger veut commencer à manger tout de suite ou veut-il attendre?
(12) Quels fruits ont-ils?
(13) Pourquoi est-ce que Roger pousse un cri?
(14) C'est une guêpe?
(15) Pourquoi est-ce que Roger veut sécher sa chemise?
(16) Qu'est-ce qu'ils cherchent pour faire du feu?
(17) Est-ce que Roger a des allumettes?
(18) Comment allume-t-il le feu?
(19) Quel est l'accident numéro deux?
(20) Est-ce que Mme Duroc punit Roger?

EXERCICES ÉCRITS

1. Choose the most suitable answer to each question from the four given.

(i) Que font les jeunes gens quand la famille sort de l'église ?

    A. Ils vont au marché.
    B. Ils aident leur mère à préparer le déjeuner.
    C. Ils demandent à leur mère la permission de faire un pique-nique.
    D. Ils font une promenade à bicyclette.

(ii) Que fait Roger quand tout est prêt ?

    A. Il met le gâteau dans le four.
    B. Il prend le panier et l'attache à son vélo.
    C. Il choisit un bon endroit.
    D. Il part pour la ville.

(iii) Que dit Roger quand il déchire sa culotte ?

    A. « Tant pis ! C'est seulement une vieille culotte. »
    B. « C'est la première fois que je la porte. »
    C. « Oh ! là ! là ! ma nouvelle culotte ! »
    D. « Oh ! la barbe ! Regarde ma culotte. »

(iv) Quand est-ce que Roger se donne une bonne douche de limonade ?

    A. Quand quelque chose le pique.
    B. Quand il ouvre le panier.
    C. Quand il grimpe sur la barrière.
    D. Quand il essaie d'ôter le chardon.

(v) Pourquoi Roger brûle-t-il sa chemise ?

    A. Parce qu'elle est neuve.
    B. Parce qu'elle est mouillée.
    C. Parce qu'il la met trop près du feu.
    D. Parce qu'il est fatigué.

(vi) Pourquoi les enfants font-ils du feu ?

    A. Parce qu'ils ont des œufs durs.
    B. Parce qu'ils veulent chercher des feuilles sèches.
    C. Parce qu'ils veulent sécher la chemise mouillée.
    D. Parce que Roger a une loupe.

2. Choose the correct remark from each group of four.

(i) Que disent les jeunes gens quand la famille sort de l'église?

    A. « Pouvons-nous jouer avec Toutou? »
    B. « Pouvons-nous faire un pique-nique dans la forêt, maman? »
    C. « Pouvons-nous aller à la ferme, papa? »
    D. « Pouvons-nous faire un gâteau? »

(ii) Qu'est-ce que Roger répond quand Françoise dit: « Nous ne pouvons pas manger tout cela »?

    A. « Non, il y a trop de sandwichs. »
    B. « Si! Je peux le manger .»
    C. « Si! Les œufs durs sont très bons. »
    D. « C'est parce que tu es une fille! »

(iii) Qu'est-ce que Françoise répond quand Roger dit: « Il y a quelque chose qui me pique. »

    A. « C'est peut-être une araignée. »
    B. « Attention! C'est un clou. »
    C. « C'est peut-être une guêpe. »
    D. « C'est seulement un chardon .»

(iv) Que répond Françoise quand Roger dit: « Ma chemise est toute mouillée. »

    A. « Roger! Tu mens! Elle n'est pas mouillée. »
    B. « Oh! là! là! les garçons! »
    C. « Maman va la sécher. »
    D. « Faisons du feu. »

(v) Que répond Roger quand Françoise demande: « As-tu des allumettes? »

    A. « Non, elles doivent être à la maison. »
    B. « Non, je n'ai pas d'allumettes. »
    C. « Oui, les voilà. »
    D. « Non, elles sont très dangereuses. »

(vi) Que dit Mme Duroc quand Roger raconte l'histoire de la culotte déchirée et de la chemise brûlée?

    A. « Roger! Tu vas les raccomoder tout de suite! »
    B. « Tant pis! Ce n'est pas grave. »
    C. « Roger! Ta nouvelle culotte et ta nouvelle chemise! »
    D. « Bonté divine! Ce n'est pas possible! »

3. Answer each of the following questions without using any nouns.

EXAMPLE: *Est-ce que Mme Duroc donne la permission ou est-ce qu'elle la refuse ? Elle la donne.*

(i) Est-ce que Roger prend le panier ou est-ce qu'il le laisse sur la table?

(ii) Est-ce que Roger déchire sa culotte ou est-ce qu'il la brûle?

(iii) Est-ce que les enfants mangent les bananes ou est-ce qu'ils les oublient?

(iv) Est-ce que Roger saisit sa chemise ou est-ce qu'il la laisse devant les flammes?

(v) Est-ce que Roger brûle sa chemise ou est-ce qu'il la déchire?

(vi) Est-ce que Mme Duroc punit Roger ou non?

4. Answer the following questions, using *aussi*.

(1) Les enfants sortent. Et toi? (*Moi aussi, . . .*)

(2) Tu mens. Et les autres? (*Eux aussi, . . .*)

(3) Le chien court vite. Et toi? (*Moi aussi, . . .*)

(4) Mme Duroc sert le déjeuner. Et les autres dames? (*Elles aussi, . . .*)

(5) Je sors maintenant. Et les élèves? (*Eux aussi, . . .*)

(6) Tu pars. Et Mme Legros? (*Elle aussi, . . .*)

(7) Maman sent le froid. Et moi? (*Toi aussi, . . .*)

(8) Les jeunes filles servent le fromage. Et Mme Dupont? (*Elle aussi, . . .*)

LEÇON QUATORZE—QUATORZIÈME LEÇON

L'ÉLÈVE: Comment dit-on *to understand* en français?
LE PROFESSEUR: On dit **comprendre**.
L'ÉLÈVE: Que veut dire **on** en anglais?
LE PROFESSEUR: **On** veut dire *one*.

L'INCENDIE

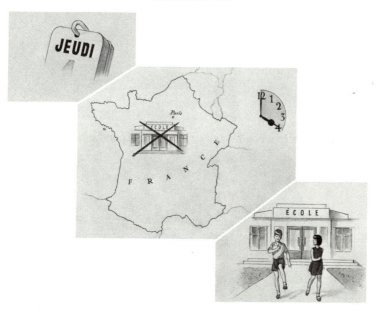

C'est aujourd'hui jeudi. Comme il n'y a pas de classe en France le jeudi après-midi Roger et Françoise sont libres.

— Qu'est-ce que nous_allons faire? demande Françoise

— Il y a un très bon film au cinéma Rex, répond son frère.

— Comment s'appelle-t-il, ton film?

— *Le Monde du Silence.*

Les enfants demandent à leur mère la permission de le voir.

— Très bien, dit Mme Duroc. Avez-vous de l'argent?

— Oui, maman, merci.   Nous‿avons assez d'argent.   Le voici.

Toutou saute de joie.

Il sait que son jeune maître
va faire une promenade et
il les‿aime beaucoup.

Il remue sa petite queue blanche.

— Non, Toutou, dit Roger. Tu ne peux pas nous accompagner cette fois.

Tu vas rester ici pour garder la maison.

Il y a des voleurs, tu sais.

Toutou regarde tristement le départ des_enfants,

mais_il est très fier.

Les jeunes gens vont‿au coin de la rue,

où ils‿attendent l'autobus à l'arrêt.

FRANÇOISE: C'est quel numéro?   ROGER: Le cent soixante-treize.

(*Les deux premiers_autobus qui passent portent un_
autre numéro.*)

FRANÇOISE: Tu es sûr que c'est_ici que nous devons_attendre?

ROGER: Oui. Certain. Regarde, le voilà qui arrive maintenant.

(*Les_enfants montent dans l'autobus et prennent leurs
places.*)

LE RECEVEUR: Les places, s'il vous plaît.

ROGER (*à sa sœur*): As-tu de la monnaie, Françoise? J'ai seulement un billet de dix francs pour payer les places au cinéma.

FRANÇOISE (*ouvre son porte-monnaie et tend la somme exacte au receveur*): Quatre tickets*, s'il vous plaît, monsieur.

LE RECEVEUR: Voilà, mademoiselle.

FRANÇOISE: Merci bien, monsieur.

(*Soudain ils entendent un grand bruit. Pim! Pom! Pim! Pom! Pim! Pom! Une pompe à incendie passe à toute vitesse,*

* Françoise asks for *four* tickets because in Paris the passenger buys one ticket for each section or stage of the journey. For their journey from the Porte de Neuilly to the cinema they need two tickets each.

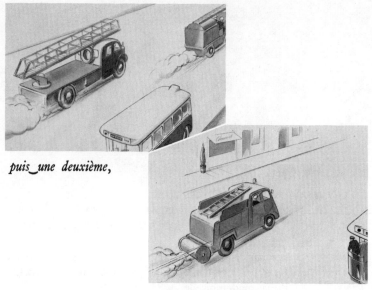

puis_une deuxième,

puis_une troisième.)

ROGER: C'est_un_incendie! (*Les_enfants regardent à droite
et à gauche par la fenêtre.*)
FRANÇOISE: Est-ce que tu le vois?
ROGER: Non, pas_encore.

(L'autobus stoppe. Tout le monde attend.)
UN VIEUX MONSIEUR *(d'une voix fâchée)*: Pourquoi n'avançons-nous
pas? Je suis pressé. J'ai un train à prendre.

ROGER: Descendons ici. Le
cinéma n'est pas loin.

(Ils descendent de l'autobus

et traversent la rue.

*Pim! Pom! Pim! Pom! Deux_autres pompes à incendie
arrivent avec un bruit formidable.)*

FRANÇOISE: C'est peut-être un des grands magasins qui brûle.
ROGER: Regarde! Là-haut! Tu vois? Voilà la fumée.
Le ciel est tout rouge. Ce n'est pas très loin, c'est
certain.

(Ils marchent dans la direction de la fumée

et tournent le coin au bout de la rue.)

FRANÇOISE: Roger! Regarde! C'est le cinéma! C'est le Rex qui brûle!

En_effet des flammes rouges et jaunes sortent du toit et montent vers le ciel.   Partout il y a des pompes à incendie et des pompiers. Leurs tuyaux sont comme de longs serpents.

— Reculez! s'il vous plaît, crient les_agents de police.   Ne poussez pas!

Les_enfants regardent longtemps le spectacle magnifique du cinéma qui brûle.

— Oh, Roger, dit Françoise. Quel spectacle splendide! Mais que c'est terrible! Est-ce que tous les gens sont saufs?

— Oui, mademoiselle, répond un passant. Tout le monde est sauf.

Mais le pauvre Rex est complètement brûlé.

Lentement les enfants rentrent à la maison. Quelle histoire ils ont à raconter à leurs parents!

PHRASES À RÉPÉTER

Avec mes‿yeux je regarde.

Quand je regarde, je vois.

Avec mes‿oreilles j'écoute.

Quand j'écoute, j'entends.

Je suis pressé.   J'ai un train à prendre.

Descendons ici.   Le cinéma n'est pas très loin.

Dictées

1. Il y a assez d'œufs pour tous les‿enfants.
2. Nous mangeons de belles pommes au déjeuner.
3. Il n'y a pas d'escalier dans notre appartement.
4. Ils ne veulent pas prêter leur nouvelle voiture à leur fils.
5. Ils sont trop gros pour courir très vite.
6. Ne parle pas.   Travaille.   Ne perds pas de temps.

EXERCICES ORAUX

EXERCICE 1

Exemple :   Quel est le premier jour de la semaine ?
Répondez :   C'est dimanche.
Exemple :   Et le deuxième ?
Répondez :   C'est lundi.

(1) Quel est le premier jour de la semaine ? (2) Et le deuxième ? (3) Et le troisième ? (4) Et le quatrième ? (5) Et le cinquième ? (6) Et le sixième ? (7) Et le septième ?

EXERCICE 2

Exemple :   Janvier est le premier mois de l'année. Et février ?
Répondez :   C'est le deuxième.

(1) Janvier est le premier mois de l'année. Et février ? (2) Et mars ? (3) Et avril ? (4) Et mai ? (5) Et juin ? (6) Et juillet ? (7) Et août ? (8) Et septembre ? (9) Et octobre ? (10) Et novembre ? (11) E décembre ? (12) Et janvier ?

EXERCICE 3

Exemple : Où est la fenêtre ?
Répondez : La voilà.

(1) Où est la fenêtre ? (2) Où sont les élèves ? (3) Où sont les murs ?
(4) Où est le tableau noir ? (5) Où est la porte ? (6) Où est le plancher ?
(7) Où est le plafond ? (8) Où sont les pupitres ?

EXERCICE 4

Exemple : Où est Marc ?
Répondez : Me voici.
Exemple : Où sont les élèves ?
Répondez : Nous voici.

(1) Où est Marc ? (2) Où sont les élèves ? (3) Où est Marie ? (4) Où
sont les enfants ? (5) Où est Jean ? (6) Où sont les garçons ? (7) Où
est Jeanne ? (8) Où sont les filles ?

EXERCICE 5

Exemple : Regarde la fumée.
Répondez : Regarde-la.

(1) Regarde la fumée. (2) Ne payez pas les places. (3) Françoise
regarde le spectacle. (4) Elle ouvre son porte-monnaie. (5) Les
pompes bouchent les rues. (6) Vois-tu l'incendie ? (7) Nous savons
notre leçon. (8) N'attendez pas l'autobus. (9) Écoute le bruit !
(10) Toutou garde la maison.

EXERCICE 6

Exemple : l'oncle
Répondez : la tante
Exemple : le frère
Répondez : la sœur

(1) l'oncle. (2) le frère. (3) le grand-père. (4) le cousin. (5)
l'homme. (6) le fils. (7) le neveu. (8) le monsieur. (9) le maître.
(10) le garçon.

EXERCICE 7

Indication : courageux
Répondez : courageusement

(1) courageux. (2) bon. (3) facile. (4) paresseux. (5) mauvais.
(6) lent. (7) petit. (8) triste. (9) certain. (10) malheureux.

EXERCICE 8

Exemple :   Vous regardez le professeur.
Répondez :   Vous le voyez.
Exemple :   Les élèves regardent le professeur.
Répondez :   Ils le voient.

(1) Vous regardez le professeur. (2) Les élèves regardent le professeur.
(3) Nous regardons le professeur. (4) Jean-Pierre regarde le
professeur. (5) Tu regardes le professeur. (6) Je regarde le professeur.
(7) Les enfants regardent le professeur. (8) Vous regardez le
professeur.

EXERCICE 9

Exemple :   Roger ne saute pas bien.
Répondez :   Il ne sait pas sauter.

(1) Roger ne saute pas bien. (2) Tu ne cours pas bien. (3) Nous ne
dansons pas bien. (4) Les élèves ne travaillent pas bien. (5) Vous ne
comptez pas bien. (6) Les filles ne jouent pas bien au football. (7)
Hélène n'écoute pas bien. (8) Les garçons ne font pas bien les gâteaux.

EXERCICE 10

Répétez après les speakers :

(1) Avec mes yeux je regarde.
(2) Quand je regarde, je vois.
(3) Avec mes oreilles j'écoute.
(4) Quand j'écoute, j'entends.

EXERCICE 11

Répondez aux questions :

(1) Pourquoi est-ce que Roger et Françoise sont libres ?
(2) Quel film est-ce que Roger veut voir ?
(3) Est-ce que les enfants ont de l'argent ?
(4) Est-ce que Toutou aime les promenades ?
(5) Qu'est-ce qu'il fait pour montrer qu'il les aime ?
(6) Est-ce que le chien peut accompagner son jeune maître ?
(7) Pourquoi est-ce qu'il est fier ?
(8) Où est-ce que les jeunes gens attendent l'autobus ?
(9) Quel numéro est-ce qu'ils prennent ?
(10) Est-ce que c'est le premier autobus qui passe ?
(11) Est-ce que Roger a de la monnaie pour payer les places ?
(12) Soudain les jeunes gens entendent un grand bruit. Pim! Pom
Pim! Pom! Qu'est-ce que c'est ?

(13) Ils regardent par la fenêtre. Est-ce qu'ils voient l'incendie ?
(14) Ils descendent de l'autobus. Pourquoi ?
(15) Est-ce qu'ils peuvent voir l'incendie maintenant ?
(16) Soudain ils voient la fumée. De quelle couleur est-elle ?
(17) Ils tournent le coin. Là, ils voient l'incendie. Qu'est-ce qui brûle ?
(18) Comment sont les tuyaux des pompiers ?
(19) Que crient les agents de police ?
(20) Est-ce qu'il y a encore des gens dans le cinéma ?

EXERCICES ÉCRITS

1. What is said in each of the following situations ? Choose the most suitable reply from each group of four.

(i) Quand Mme Duroc demande aux enfants: « Avez-vous assez d'argent ? » Roger répond :
   A. « Non, il doit être à la maison. »
   B. « Non, maman, nous n'avons pas de monnaie. »
   C. « Oui, maman, le voici. »
   D. « J'ai seulement un billet de cinquante francs. »

(ii) Quand Toutou saute de joie parce que son jeune maître va faire une promenade, Roger dit :
   A. « Tu peux porter le panier de Françoise. »
   B. « Tu ne peux pas nous accompagner cette fois. »
   C. « Tu ne peux pas rester à la maison. »
   D. « Voici un morceau de viande. »

(iii) Quand Françoise tend l'argent au receveur pour payer les places, elle dit :
   A. « Quatre tickets, s'il vous plaît, monsieur. »
   B. « Est-ce que cet autobus va à Versailles ? »
   C. « Avez-vous des œufs frais, monsieur ? »
   D. « Nous voulons descendre à l'Arc de Triomphe. »

(iv) Quand l'autobus stoppe, Roger dit à sa sœur:

   A. « Pourquoi n'avançons-nous pas?　Nous sommes pressés. »
   B. « C'est un accident. »
   C. « Tant pis.　Nous avons beaucoup de temps. »
   D. « Descendons ici.　Le cinéma n'est pas loin. »

 (v) Quand les enfants tournent le coin ils voient l'incendie.　Françoise dit:

   A. « Regarde, Roger, voilà un bel endroit »
   B. « C'est le cinéma!　C'est le Rex qui brûle! »
   C. « Reculez!　Ne poussez pas! »
   D. « Les pompiers font trop de bruit. »

(vi) Quand Françoise voit le spectacle magnifique du cinéma qui brûle, elle dit:

   A. « C'est peut-être un des grands magasins. »
   B. « Maman va être très contente. »
   C. « Est-ce que tous les gens sont saufs? »
   D. « Le Monde du Silence est un très bon film. »

2. Complete the following sentences, choosing the most suitable ending from each group of four.

 (i) Roger et Françoise sont libres

   A. parce qu'il y a un bon film au cinéma Rex.
   B. parce que leurs parents ne sont pas là.
   C. parce que c'est le jeudi après-midi.
   D. parce que leur professeur est malade.

(ii) Toutou saute de joie

   A. parce que son jeune maître a assez d'argent pour aller au cinéma.
   B. parce qu'il aime les promenades.
   C. parce qu'il a beaucoup d'amis.
   D. parce qu'il va jouer avec Minet.

(iii) Les enfants regardent à droite et à gauche par la fenêtre de l'autobus

    A. parce qu'ils aiment regarder les magasins.
    B. parce que l'autobus stoppe.
    C. parce qu'ils cherchent le cinéma.
    D. parce qu'ils entendent un grand bruit.

(iv) Les pompes à incendie passent à toute vitesse

    A. parce que le cinéma n'est pas loin.
    B. parce que les pompiers veulent voir le film.
    C. parce qu'il y a un incendie.
    D. parce que Mme Duroc est malade.

(v) Le ciel est tout rouge

    A. parce que le soleil est très chaud.
    B. parce que des flammes sortent du toit du cinéma.
    C. parce qu'il y a beaucoup de fumée.
    D. parce qu'il y a des pompes à incendie partout.

(vi) Les enfants ne voient pas *Le Monde du Silence*

    A. parce qu'ils n'ont pas assez d'argent pour payer les places.
    B. parce que le cinéma est fermé.
    C. parce que les agents de police disent: « Reculez, s'il vous plaît. »
    D. parce que le cinéma Rex est complètement brûlé.

3. Express surprise at each statement, beginning with: " Vraiment? Vous . . . ?"

EXAMPLE: Nous allons à bicyclette.
        Vraiment? Vous allez à bicyclette?

   (i) Nous disons que c'est vrai.
   (ii) Nous voyons l'incendie.
  (iii) Nous savons parler français.
  (iv) Nous mettons nos souliers noirs.
   (v) Nous prenons trois morceaux de sucre.
  (vi) Nous ne faisons pas de bruit.
 (vii) Nous ne pouvons pas sortir.
(viii) Nous ne voulons pas rester.

4. Answer each question, using *aussi*.

   (i) Je dois travailler.   Et les élèves ?   (Eux aussi, . . .)
  (ii) Je veux rester.   Et mes amis ?   (Eux aussi, . . .)
 (iii) Je vais au cinéma.   Et les dames ?   (Elles aussi, . . .)
 (iv) Je punis les élèves.   Et les professeurs ?   (Eux aussi, . . .)
  (v) Je peux payer les places.   Et les enfants ?   (Eux aussi, . . .)
 (vi) Je sais nager.   Et les petites filles ?   (Elles aussi, . . .)
 (vii) Je vois la fumée.   Et les passants ?   (Eux aussi, . . .)
(viii) Je prends le train.   Et les soldats ?   (Eux aussi, . . .)

LEÇON QUINZE—QUINZIÈME LEÇON

LE PROFESSEUR: Quel jour sommes-nous?
LA CLASSE: Nous sommes mardi, le cinq mars, monsieur.

LE MOULIN HANTÉ

Pendant les vacances Roger passe une semaine chez son cousin, Marc Chatel.

Les Chatel ont‿une jolie maison à la campagne dans le sud de la France.

Un‿après-midi les deux‿amis font‿une promenade à bicyclette

et leur chemin les mène près d'un vieux moulin à vent.

— Tu vois ce moulin-là, Roger ? dit Marc.
— Oui.

— Il est hanté.
— Hanté! Sans blague!
— Oui, vraiment. Pendant la nuit on_entend des bruits et des voix. Quand_il y a de la lune on voit le spectre du meunier tout blanc de farine.

Roger ne répond pas, mais_il a une idée. Ce soir-là il la raconte à son cousin.

— Marc, écoute.   Les revenants n'existent pas.   Je suis sûr que ce moulin n'est pas hanté.   Je vais_aller l'observer ce soir.   Il y a une belle lune.   Veux-tu m'accompagner?

— Oui, bien sûr.   Si tu veux.   Mais nous ne pouvons pas partir avant minuit.

— D'accord.

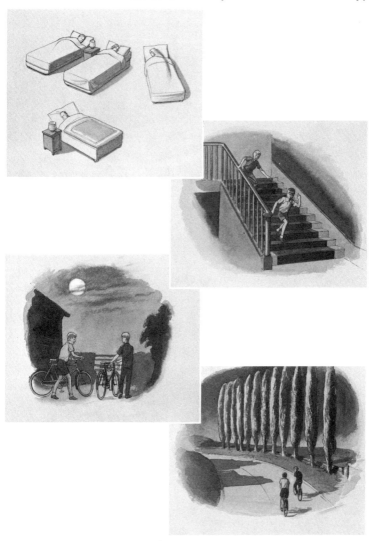

Cette nuit-là, quand tout le monde dort, les deux cousins descendent doucement l'escalier, prennent leurs vélos et partent.

Quand_ils_arrivent, ils cachent leurs bicyclettes dans_une haie et traversent le champ qui mène au vieux moulin.   Au clair de lune il semble un bon_endroit pour un revenant!

— Chut! dit Marc.   Est-ce que tu entends quelque chose?
— Non, répond Roger.   Entrons.
Ils poussent la vieille porte qui grince sur ses gonds rouillés.

Tout d'un coup il y a un bruit terrible.   « Ou-ou-ou-ou ! »
Marc saisit le bras de son cousin.
— Qu-qu-qu-qu'est-ce que c'est ?

Avec un battement d'ailes un vieux hibou gris quitte le moulin et
vole vers les_arbres du bois.
— C'est seulement un hibou, dit Roger.

Soudain   les   garçons   entendent   un_autre   bruit.

C'est‿une voiture qui s'arrête en face du moulin.

Un‿homme descend.

De la tête aux pieds il est complètement blanc.

Il ouvre le coffre

et prend‿une grosse boîte

qu'il soulève sur son‿épaule.

—Vite! dit Roger. Derrière cette porte. Nous pouvons voir à travers ce trou.

L'homme entre dans le moulin et jette la boîte par terre dans un coin.

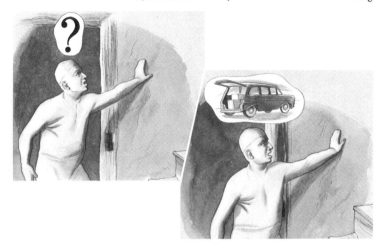

— Jules! appelle-t-il à voix basse. Jules! Es-tu là?

À leur grande surprise les deux cousins entendent une autre voix qui répond:

— Oui. C'est toi, Pierre?

— Oui, c'est moi. J'ai les boîtes dans la voiture.

À travers leur trou les garçons voient l'autre homme. Comme son ami il porte un pantalon blanc et une veste blanche. Sa figure et ses mains sont blanches aussi.

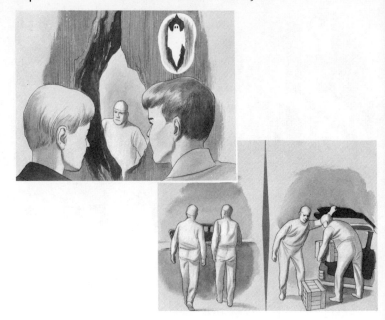

— C'est le « Meunier », chuchote Roger à l'oreille de Marc. Voilà ton « revenant ».

Ils regardent les deux_hommes qui vont vers l'auto chercher les_autres boîtes.

— Vite! dit Roger.   C'est le moment.   Pendant qu'ils sont_à la voiture.

Et les deux garçons courent à toute vitesse vers leurs vélos

et pédalent comme le vent pour rentrer à la maison.

Le lendemain matin ils racontent leur aventure à M. Chatel

qui téléphone tout de suite à la police.

Deux jours plus tard un͜ homme sonne à la porte.

Bonjour, monsieur, dit-il à M. Chatel.   Inspecteur Lebonnard.

Grâce à votre message nous_avons arrêté le « Meunier » et sa bande de contrebandiers. Ces_hommes sont très rusés. Ils disent à tout le monde que le moulin est hanté. Quand les gens du village les_entendent ou les voient pendant la nuit ils pensent que ce sont des revenants et n'osent pas regarder. Vos jeunes détectives ont fait un très bon travail cette nuit-là.

PHRASES À RÉPÉTER

Les_amis font_une promenade à bicyclette.
Nous ne pouvons pas partir avant minuit.
Ils cachent leurs bicyclettes dans_une haie.
Ils poussent la vieille porte qui grince.
Est-ce que tu entends quelque chose ?
Ils pensent que ce sont des revenants.

Dictées

1. Quand_ils rencontrent leurs_amis ils racontent l'histoire.
2. Le fermier a quatre-vingts moutons et quatre-vingt-un cochons.
3. Avez-vous de l'argent? Oui, papa, le voici.
4. Le vingt-cinq décembre est le Jour de Noël.
5. Le premier janvier est le Jour de l'An.
6. Mai est le cinquième mois et août est le huitième.

EXERCICES ORAUX

EXERCICE 1

Exemple: J'appelle le chien?
Répondez: Oui, appelez le chien.

(1) J'appelle le chien? (2) Je jette la balle? (3) Je lève le bras? (4) J'achète les pommes? (5) Je mène le cheval à la ferme? (6) Je soulève la boîte? (7) J'appelle un taxi? (8) Je sèche la chemise?

EXERCICE 2

Exemple: Vous appelez un taxi?
Répondez: Oui, j'appelle un taxi.

(1) Vous appelez un taxi? (2) Vous jetez les papiers? (3) Vous levez la main? (4) Vous achetez les bonbons? (5) Vous menez les vaches à la ferme? (6) Vous espérez gagner? (7) Vous soulevez la boîte? (8) Vous séchez la chemise?

EXERCICE 3

Exemple: Quelqu'un frappe à la porte?
Répondez: Oui, on frappe à la porte.

(1) Quelqu'un frappe à la porte? (2) Quelqu'un donne le signal? (3) Quelqu'un ferme la fenêtre? (4) Quelqu'un appelle les pompiers? (5) Quelqu'un téléphone à la police? (6) Quelqu'un ouvre le colis? (7) Quelqu'un arrête le moteur? (8) Quelqu'un sonne à la porte?

EXERCICE 4

Exemple : Regardez le chien, il court.
Répondez : Regardez le chien qui court.

(1) Regardez le chien, il court. (2) Regardez les animaux, ils mangent.
(3) Voilà l'autobus, il attend. (4) Voilà le train, il arrive. (5) Regardez
papa, il dort. (6) Regardez les roues, elles tournent. (7) Écoutez les
oiseaux, ils chantent. (8) Écoutez la porte, elle grince.

EXERCICE 5

Exemple : C'est la chemise; Roger la brûle.
Répondez : C'est la chemise que Roger brûle.

(1) C'est la chemise; Roger la brûle.
(2) C'est la bouteille; la cliente la prend.
(3) C'est le vin; la dame le choisit.
(4) C'est le gâteau; Toutou le mange.
(5) C'est le panier; Toutou le porte.
(6) C'est l'autobus; les enfants le prennent.
(7) C'est l'histoire; les enfants la racontent.
(8) C'est le coffre; le meunier l'ouvre.

EXERCICE 6

Exemple : Roger prend ce panier.
Répondez : Voilà le panier qu'il prend.
Exemple : La femme désire ce café.
Répondez : Voilà le café qu'elle désire.

(1) Roger prend ce panier. (2) La femme désire ce café. (3) La
dame achète ce vin. (4) Les enfants prennent ce sentier. (5) L'épicier
casse cet œuf. (6) Toutou mange cet os. (7) Françoise pousse cette
porte. (8) L'homme ouvre ce coffre.

EXERCICE 7

Exemple : Ces enfants jouent.
Répondez : Voilà les enfants qui jouent.
Exemple : Je prends ces œufs.
Répondez : Voilà les œufs que je prends.

(1) Ces enfants jouent. (2) Je prends ces œufs. (3) Ces hommes
courent vite. (4) Elle attache cette ficelle. (5) Ce chien dort. (6) Ce
passage est étroit. (7) Ils prennent le sentier. (8) Ce pont est
dangereux.

EXERCICE 8

Exemple: Tu me regardes? *Indication:* oui
Répondez: Oui, je te regarde.
Exemple: Tu me touches? *Indication:* non
Répondez: Non, je ne te touche pas.

(1) Tu me regardes?   *Indication:* oui
(2) Tu me touches?   *Indication:* non
(3) Tu me cherches?   *Indication:* oui
(4) Tu me pousses?   *Indication:* non
(5) Tu m'entends?   *Indication:* oui
(6) Tu m'attaques?   *Indication:* non
(7) Tu m'écoutes?   *Indication:* oui
(8) Tu m'attends?   *Indication:* non

EXERCICE 9

Exemple: Vous m'attendez, n'est-ce pas?
Répondez: Oui, je vous attends.
Exemple: Vous me cherchez?
Répondez: Non, je ne vous cherche pas.

(1) Vous m'attendez, n'est-ce pas? (2) Vous me cherchez? (3) Vous me voyez, n'est-ce pas? (4) Vous me regardez? (5) Vous m'écoutez, n'est-ce pas? (6) Vous me poussez? (7) Vous m'entendez, n'est-ce pas? (8) Vous m'attaquez?

EXERCICE 10

Répondez aux questions:

(1) Comment s'appelle le cousin de Roger?
(2) Les Chatel ont une jolie maison à la campagne. Où?
(3) Que font les deux cousins un après-midi?
(4) Où est-ce que leur chemin les mène?
(5) Quand ils voient le vieux moulin, que dit Marc?
(6) A quelle heure est-ce que les deux cousins partent? Avant minuit?
(7) Comment est-ce qu'ils peuvent voir?
(8) Où cachent-ils leurs vélos?
(9) Que fait la vieille porte du moulin quand ils la poussent?
(10) Tout d'un coup ils entendent un bruit terrible: ou-ou-ou! Qu'est-ce que c'est?
(11) Puis ils entendent un autre bruit. Qu'est-ce que c'est?
(12) Où est-ce que la voiture s'arrête?
(13) Un homme descend. De quelle couleur est-il?

(14) Où vont les deux garçons?
(15) Comment peuvent-ils voir?
(16) Est-ce qu'ils voient des revenants?
(17) Est-ce que les revenants existent?
(18) Que font les deux cousins quand ils rentrent à la maison?
(19) Que fait M. Chatel?
(20) Est-ce que la police arrête le «Meunier» et sa bande de contrebandiers?

EXERCICES ÉCRITS

1. Complete each sentence choosing the most suitable of the four end-ings in each group.

(i) Un après-midi les deux cousins font une promenade à bicyclette et leur chemin les mène

A. dans la basse cour d'une ferme.
B. près d'un vieux moulin à vent.
C. dans une forêt hantée.
D. loin du vieux moulin à vent.

(ii) Quand tout le monde sort les deux amis descendent doucement l'escalier,

A. prennent leurs vélos et les cachent.
B. et ferment les fenêtres de la cuisine.
C. prennent leurs vélos et partent.
D. et ouvrent la porte du garage.

(iii) Quand ils arrivent au moulin ils entendent un bruit terrible : ou-ou-ou.

    A. C'est un revenant.
    B. C'est une pompe à incendie.
    C. C'est la porte qui grince.
    D. C'est un vieux hibou gris.

(iv) Soudain les deux garçons entendent un autre bruit.

    A. C'est une voiture qui s'arrête en face du moulin.
    B. C'est une voiture qui passe devant le moulin.
    C. C'est un homme qui ronfle très fort.
    D. C'est un autobus qui passe derrière le moulin.

(v) À travers leur trou les cousins regardent les deux hommes qui

    A. prennent leur voiture et partent.
    B. vont vers l'auto chercher de la farine.
    C. vont vers l'auto chercher les autres boîtes.
    D. ouvrent un paquet de sandwichs.

(vi) Les contrebandiers sont très rusés.   Ils disent à tout le monde

    A. qu'il y a beaucoup de farine dans le moulin.
    B. que le moulin est hanté.
    C. qu'ils sont des détectives.
    D. que les hiboux sont féroces.

2. Choose the most suitable answer to each question.

  (i) Marc et Roger vont au moulin hanté pendant la nuit.   Comment peuvent-ils voir ?

    A. Ils ont de très bons yeux.
    B. Il y a une belle lune.
    C. Ils ont une lampe de poche.
    D. Le « Meunier » est tout blanc de farine.

(ii) Quand ils arrivent au moulin où est-ce que les jeunes gens mettent leurs bicyclettes ?

    A. Ils les jettent dans un coin du moulin.
    B. Ils les mettent dans un garage.
    C. Ils les cachent dans une haie.
    D. Ils les cachent dans un trou.

(iii) Que fait Marc quand les deux jeunes gens entendent le cri du vieux hibou?

    A. Il court vers les arbres du bois.
    B. Il saisit le bras de son cousin.
    C. Il saute de joie.
    D. Il pleure comme une fontaine.

(iv) Roger et Marc sont derrière la porte du moulin. Comment peuvent-ils voir les hommes?

    A. Ils les regardent à travers un trou.
    B. Les hommes sont complètement blancs.
    C. Ils cassent la porte.
    D. Ils ont une loupe.

(v) Quand les deux hommes vont vers l'auto chercher les autres boîtes, les deux cousins courent à toute vitesse vers leurs vélos. Que font-ils après cela?

    A. Ils disent à tout le monde que le moulin est hanté.
    B. Ils téléphonent aux pompiers.
    C. Ils arrêtent les voleurs.
    D. Ils pédalent comme le vent pour rentrer à la maison.

(vi) M. Chatel téléphone à la police. Que fait l'inspecteur Lebonnard, grâce à ce message?

    A. Il dit aux gens du village que le moulin est hanté.
    B. Il écrit une lettre impolie au « Meunier ».
    C. Il arrête le « Meunier » et sa bande de contrebandiers.
    D. Il envoie un télégramme à sa tante.

3. Answer the following questions.

    (i) Nous menons les chevaux. Et le fermier? (Lui aussi, . . .)
    (ii) Vous soulevez la boîte. Et le meunier? (Lui aussi, . . .)
    (iii) Nous jetons la balle. Et les enfants? (Eux aussi, . . .)
    (iv) Vous appelez le chien. Et sa maîtresse? (Elle aussi, . . .)
    (v) Nous espérons gagner. Et M. Petirond? (Lui aussi, . . .)
    (vi) Vous séchez la chemise. Et Roger? (Lui aussi, . . .)
    (vii) Nous achetons du vin. Et la cliente? (Elle aussi, . . .)
    (viii) Vous arrêtez le voleur. Et l'inspecteur? (Lui aussi, . . .)

4. Express surprise at each statement, beginning with: "Vraiment? Vous . . . ?"

EXAMPLE: Je donne du gâteau à mon cheval.
Vraiment? Vous donnez du gâteau à votre cheval?

Note: In this exercise care must be taken with the possessive adjective *mon*, *ma*, *mes*, which must be suitably changed where necessary.

  (i) Je sèche mes chemises dans le four.
 (ii) J'achète ces cigares pour ma mère.
(iii) J'appelle mon chien « Whiskey ».
 (iv) Je soulève cette grosse boîte comme ça.
  (v) Je jette la balle avec la main gauche.
 (vi) Je lève mon chapeau à tout le monde.

LEÇON SEIZE—SEIZIÈME LEÇON

UN ÉLÈVE: Puis-je écrire au crayon, monsieur? La plume de mon stylo est tordue.

UN AUTRE ÉLÈVE: Puis-je demander à quelqu'un de me prêter un canif, monsieur?

LE PROFESSEUR: Oui, mais dépêchez-vous.

AU BOIS DE VINCENNES

C'est le dernier jour des vacances.

Roger se réveille et regarde sa montre. Sept heures et demie déjà!

Il se lève vite

et va dans la chambre de sa sœur.

Il la secoue.   — Françoise! Réveille-toi!

Françoise se réveille.   Elle bâille.

— Qu'est-ce qu'il y a ?   Quelle heure est-il ?

— Il est sept heures et demie.   Dépêche-toi !   Nous_allons être
en retard.   Papa va partir à huit heures et demie.

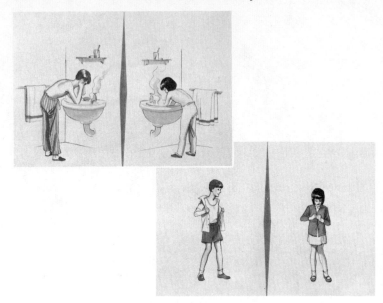

Les enfants se lavent et s'habillent très vite, car ils vont voir les animaux au Bois de Vincennes et ils ne veulent pas être en retard pour le départ.

Ils descendent l'escalier quatre à quatre

et se précipitent dans la salle à manger où leurs parents les
attendent.

— Bonjour, maman! Bonjour, papa! Ils embrassent leurs
parents.

— Dépêchez-vous, mes enfants. Vous êtes en retard.
Roger et Françoise se mettent à table et prennent leur petit
déjeuner.

À huit heures et demie tout le monde est prêt à partir pour Vincennes.

FRANÇOISE: Est-ce que nous_avons assez de pain rassis pour les_animaux?

MME DUROC: Oui, le voici dans ce vieux journal.

(Ils montent dans leur voiture.

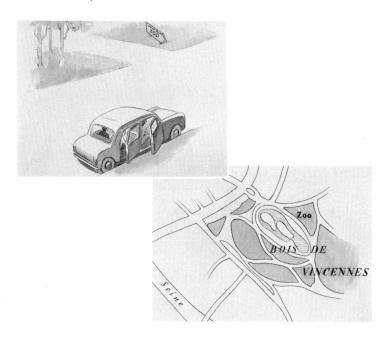

Bientôt ils arrivent au zoo qui se trouve dans le Parc de Vincennes.)
M. DUROC: Nous voici au zoo. Entrons. Je vais acheter les
          billets.

ROGER: Allons d'abord voir les éléphants. (*Ils se dirigent vers les éléphants.*)

FRANÇOISE: Regardez-les! Ils mangent toute la journée. Ils sont un peu comme toi, Roger.

MME DUROC: Françoise! Ne te dispute pas avec ton frère!

M. DUROC: Ne donnez pas tout le pain aux éléphants.

MME DUROC: Non. Gardez un peu de pain pour les canards sur le lac.

ROGER: Pouvons-nous voir les singes maintenant, papa?

M. DUROC: Oui, ils sont sur les rochers là-bas.

Toute la famille se dirige vers les singes.

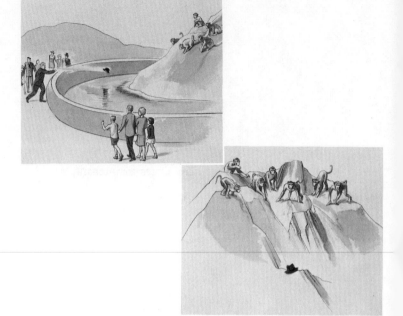

Ils arrivent juste à temps pour voir un monsieur qui lance un vieux chapeau noir sur le rocher où ils habitent.

Tous les singes se précipitent sur le chapeau et se battent pour l'avoir.

Puis, un gros singe brun se précipite sur les autres qui se sauvent à toute vitesse avec des cris perçants.

Il saisit le chapeau

et le met sur sa tête.

Tout le monde rit, car c'est très drôle.

ROGER: Regarde le gros singe brun, maman. Il porte un chapeau noir.

FRANÇOISE: Il a l'air d'un vieux monsieur qui va à son bureau.

ROGER: Un peu comme toi, papa!

MME DUROC (*très indignée*): Roger! Tu es impoli! Tu vas t'excuser tout de suite.

ROGER: Pardon, papa. Je m'excuse.

M. DUROC (*sourit*): Merci, Roger. Ce n'est pas grave. Maintenant allons regarder les lions et les tigres.

Après les lions et les tigres, ils regardent les autres animaux. Ils voient les ours qui se lèvent sur leurs pattes de derrière et dansent un peu, les girafes avec leur long cou et les chameaux.

À une heure moins le quart ils prennent leur repas sur l'herbe dans le parc.

Après le déjeuner les enfants jouent

pendant que leurs parents se reposent à l'ombre d'un vieil arbre.

Ensuite, vers quatre heures, ils se promènent au bord du lac,

où ils donnent le reste de leur pain aux canards.

Vers sept heures du soir ils rentrent à la maison très fatigués.

À huit heures et demie, après leur souper, Roger et Françoise disent « bonsoir » à leurs parents

et montent se coucher.

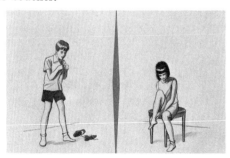

Ils se déshabillent,

se lavent,

se couchent

et, au bout de quelques minutes, ils s'endorment.

Françoise ne rêve pas, mais Roger rêve qu'il est en classe. Son voisin est un gros singe brun qui porte des lunettes, un chapeau noir et une belle cravate rayée. Il se rappelle toutes les réponses aux questions du professeur. Roger a peut-être trop mangé au souper!

PHRASES À RÉPÉTER

C'est le dernier jour des vacances.
Ils ne veulent pas être en retard.
Je vais acheter les billets.
Gardez un peu de pain pour les canards.
Ils se promènent au bord du lac.
Ils disent « bonsoir » à leurs parents.

Dictées

1. Il soulève la boîte et la jette dans un coin.
2. Il y a trois cent soixante-cinq jours dans une année.
3. J'espère que l'herbe n'est pas mouillée.
4. Avec des feuilles et du bois ils font du feu.
5. Faisons une promenade et mangeons dans la forêt.
6. Au secours! Les pompiers vont-ils arriver à temps?

EXERCICES ORAUX

EXERCICE 1

Exemple: Il est une heure. Cinq minutes passent. Quelle heure est-il?
Répondez: Il est une heure cinq.
Exemple: Il est deux heures. Dix minutes passent. Quelle heure est-il?
Répondez: Il est deux heures dix.

(1) Il est une heure. Cinq minutes passent. Quelle heure est-il?
(2) Il est deux heures. Dix minutes passent. Quelle heure est-il?
(3) Il est trois heures. Un quart d'heure passe. Quelle heure est-il?
(4) Il est quatre heures. Vingt minutes passent. Quelle heure est-il?
(5) Il est cinq heures. Vingt-cinq minutes passent. Quelle heure est-il?
(6) Il est six heures. Une demi-heure passe. Quelle heure est-il?

EXERCICE 2

Exemple: Il est vingt-cinq minutes avant sept heures. Quelle heure est-il?
Répondez: Il est sept heures moins vingt-cinq.
Exemple: Il est vingt minutes avant huit heures. Quelle heure est-il?
Répondez: Il est huit heures moins vingt.

(1) Il est vingt-cinq minutes avant sept heures. Quelle heure est-il?
(2) Il est vingt minutes avant huit heures. Quelle heure est-il?
(3) Il est un quart d'heure avant neuf heures. Quelle heure est-il?
(4) Il est dix minutes avant dix heures. Quelle heure est-il?
(5) Il est cinq minutes avant onze heures. Quelle heure est-il?

EXERCICE 3

Exemple: Raconte-moi ce que tu fais le matin. Tu te réveilles?
Répondez: Oui, je me réveille.
Exemple: Puis tu te lèves?
Répondez: Oui, je me lève.

(1) Raconte-moi ce que tu fais le matin. Tu te reveilles? (2) Puis tu te lèves? (3) Puis tu te laves? (4) Puis tu t'habilles? (5) Puis tu te peignes? (6) Et le soir? Tu te déshabilles? (7) Puis tu te laves encore? (8) Puis tu te couches? (9) Puis tu t'endors?

EXERCICE 4

Exemple: Voici ce que je fais le matin: d'abord je me réveille.
Répondez: D'abord tu te reveilles.

Exemple : Puis je me lève.
Répondez : Puis tu te lèves.

(1) Voici ce que je fais le matin: d'abord je me reveille. (2) Puis je me lève. (3) Puis je me lave. (4) Puis je m'habille. (5) Puis je me peigne. (6) Voici ce que je fais le soir: d'abord je me déshabille. (7) Puis je me lave encore. (8) Puis je me couche. (9) Puis je m'endors.

EXERCICE 5

Exemple : Je me promène tous les jours. *Indication :* tu
Répondez : Tu te promènes tous les jours.

(1) Je me promène tous les jours: tu. (2) Roger. (3) nous. (4) mes parents. (5) vous. (6) nous. (7) je. (8) vous.

EXERCICE 6

Exemple : Tu te laves dans le salon?
Répondez : Non! Je ne me lave pas dans le salon.

(1) Tu te laves dans le salon? (2) Tu te lèves à midi? (3) Tu te déshabilles dans la rue? (4) Tu t'endors en classe? (5) Tu te moques de tes amis? (6) Tu t'excuses toujours? (7) Tu te couches à six heures? (8) Tu te sauves devant l'ennemi?

EXERCICE 7

Exemple : Vous vous lavez tous les jours?
Répondez : Oui, nous nous lavons tous les jours.

(1) Vous vous lavez tous les jours? (2) Vous vous levez tôt? (3) Vous vous endormez la nuit? (4) Vous vous disputez quelquefois? (5) Vous vous battez quelquefois? (6) Vous vous dépêchez quelquefois? (7) Vous vous habillez avec soin? (8) Vous vous excusez quelquefois?

EXERCICE 8

Exemple : Dites-moi de me réveiller.
Répondez : Réveillez-vous.

(1) Dites-moi de me réveiller.   (5) Dites-moi de me lever.
(2) Dites-moi de me laver.   (6) Dites-moi de me dépêcher.
(3) Dites-moi de me battre.   (7) Dites-moi de me sauver.
(4) Dites-moi de me reposer.   (8) Dites-moi de m'endormir.

EXERCICE 9

Exemple : Réveillez-vous.
Répondez : Non! ne vous réveillez pas.

(1) Réveillez-vous. (2) Levez-vous. (3) Lavez-vous. (4) Habillez-vous. (5) Reposez-vous. (6) Sauvez-vous. (7) Endormez-vous. (8) Arrêtez-vous.

EXERCICE 10

Exemple: Réveille-toi. Qu'est-ce qu'il fait?
Répondez: Il se réveille.
Exemple: Lave-toi. Qu'est-ce qu'elle fait?
Répondez: Elle se lave.

(1) Réveille-toi. Qu'est-ce qu'il fait?
(2) Lave-toi. Qu'est-ce qu'elle fait?
(3) Habille-toi. Qu'est-ce qu'il fait?
(4) Peigne-toi. Qu'est-ce qu'elle fait?
(5) Lève-toi. Qu'est-ce qu'il fait?
(6) Couche-toi. Qu'est-ce qu'elle fait?
(7) Repose-toi. Qu'est-ce qu'il fait?
(8) Endors-toi. Qu'est-ce qu'elle fait?

EXERCICE 11

Exemple: Que dites vous quand votre oncle vous donne un cadeau?
Répondez: Je dis: «Merci, mon oncle.»

(1) Que dites-vous quand votre oncle vous donne un cadeau?
(2) Que dites-vous quand vous marchez sur le pied de quelqu'un?
(3) Que dites-vous quand votre ami(e) a son anniversaire?
(4) Que dites-vous quand vous rencontrez votre ami(e) dans la rue?
(5) Que dites-vous quand vous voulez savoir l'heure?
(6) Que dites-vous quand vous voulez savoir l'âge de quelqu'un?
(7) Que dites-vous quand vous voulez savoir la date?
(8) Que dites-vous quand vous demandez à votre ami où il va?
(9) Que dites-vous quand un Français vous parle trop vite?
(10) Que dites-vous quand vous voulez savoir le nom de quelqu'un?

EXERCICE 12

Exemple: Quand c'est drôle, je ris. *Indication:* tu
Répondez: Quand c'est drôle, tu ris.

(1) Quand c'est drôle, je ris: tu. (2) Marc. (3) nous. (4) mes parents. (5) vous. (6) Hélène. (7) tout le monde. (8) nous.

EXERCICE 13

Répondez aux questions:

(1) C'est le premier jour des vacances?

(2) Roger se réveille et regarde sa montre. Quelle heure est-il?
(3) Où va-t-il?
(4) Qu'est-ce qu'il fait?
(5) Pourquoi les enfants sont-ils excités ce matin?
(6) A quelle heure papa va-t-il partir?
(7) Qu'est-ce qu'ils vont voir au Bois de Vincennes?
(8) Ils se précipitent dans la salle à manger. Que dit Mme Duroc?
(9) Qu'est-ce qu'ils ont pour donner à manger aux animaux?
(10) Où est-il?
(11) Quels animaux vont-ils voir d'abord?
(12) Est-ce qu'ils donnent tout le pain aux éléphants?
(13) Où sont les canards?
(14) Quels animaux vont-ils voir ensuite?
(15) Comment sont les singes?
(16) Après les singes quels animaux vont-ils voir?
(17) Après le déjeuner où est-ce que les parents se reposent?
(18) Vers quelle heure rentrent-ils à la maison?
(19) Est-ce que Françoise rêve cette nuit-là?
(20) Et Roger? Quel rêve fait-il?

EXERCICES ÉCRITS

1. Study the following examples carefully:

EXAMPLE: *Un gros singe brun se précipite sur les autres.*

    A. Il va caresser ses amis.
    B. Il va mettre le chapeau noir sur sa tête.
    C. Il va déchirer le chapeau.
    D. Il va saisir le pain rassis.

Which one of the group of four sentences—A, B, C or D— should be used to follow the first one? Of course, B. *Il va mettre le chapeau noir sur sa tête.* Now do the following exercise the same way.

  (i) Roger va dans la chambre de sa sœur.

    A. Il va la réveiller.
    B. Il va se laver.
    C. Il va l'embrasser.
    D. Il va ouvrir la fenêtre.

(ii) Les enfants se mettent à table.

    A. Ils vont prendre leur petit déjeuner.
    B. Ils vont écrire à leur tante.
    C. Ils vont faire leurs devoirs.
    D. Ils vont couper le pain.

(iii) Mme Duroc met le pain rassis dans un vieux journal.

    A. Elle va le donner aux voisins.
    B. Elle va le mettre dans le four.
    C. Elle va le jeter par la fenêtre.
    D. Elle va le donner aux animaux.

(iv) La famille monte dans la voiture.

    A. Elle va acheter des provisions.
    B. Elle va visiter l'Arc de Triomphe.
    C. Elle va voir les grands magasins.
    D. Elle va voir les animaux au zoo.

(v) Les Duroc se promènent au bord du lac.

    A. Ils vont acheter un bateau.
    B. Ils vont donner du pain aux canards.
    C. Ils vont regarder les éléphants.
    D. Ils vont envoyer un télégramme.

(vi) Roger et Françoise montent dans leurs chambres.

    A. Ils vont s'habiller.
    B. Ils vont dire « bonsoir » à leurs parents.
    C. Ils vont se coucher.
    D. Ils vont se reposer.

2. What were the questions which received the following answers? Choose from the four in each group.

(i) Non, il va partir à huit heures et demie.

    A. À quelle heure est-ce que papa se lève?
    B. Est-ce que papa va partir à huit heures?
    C. À quelle heure est-ce que papa va partir?
    D. Quel jour est-ce que que papa va partir?

(ii) Ils embrassent leurs parents.

    A. Que font les enfants quand ils se précipitent dans la salle à manger?

    B. Que font les Duroc quand ils sont prêts à partir?

    C. Que font les singes quand ils voient le chapeau noir?

    D. Que font Roger et Françoise quand ils se réveillent?

(iii) Oui, le voici dans ce vieux journal.

    A. Avez-vous les billets?

    B. Avez-vous de la limonade pour notre déjeuner?

    C. Avons-nous assez de pain rassis pour les animaux?

    D. Avons-nous assez de pain rassis pour les sandwichs?

(iv) Oui, les voici sur les rochers là-bas.

    A. Pouvons-nous lire les vieux journaux?

    B. Puis-je donner le pain aux canards?

    C. Puis-je avoir les billets, papa?

    D. Pouvons-nous voir les singes maintenant?

(v) C'est un ours, Roger.

    A. Quels animaux se lèvent sur leurs pattes de derrière?

    B. Quel est cet animal qui danse, papa?

    C. Quel animal met le chapeau sur sa tête?

    D. Quel animal va manger le pain rassis?

(vi) Oui, il rêve qu'il est en classe.

    A. Est-ce que Françoise dort bien?

    B. Est-ce que Roger rêve pendant qu'il dort?

    C. Est-ce que le voisin de Roger est un gros singe brun?

    D. Est-ce que Roger répond à toutes les questions?

3. Spot the stranger.

EXAMPLE: Un cahier / une règle / *une assiette* / un stylo

Here *une assiette* is the "stranger" because it does not belong with the other three which are all classroom objects.

  (i) le chapeau / le soulier / les cheveux / les chaussettes

 (ii) un ours / un hibou / un singe / un éléphant

(iii) le feu / la flamme / la fumée / l'allumette

(iv) le chardon / la guêpe / l'araignée / le serpent

 (v) un jour / un an / une pendule / une semaine

(vi) le soleil / la géographie / la terre / la lune

(vii) l'épicier / le boucher / le client / le boulanger

(viii) la farine / l'œuf / le bol / le beurre

4. Answer the following questions.

   (i) Roger va travailler. Et toi? (Moi aussi, . . .)
  (ii) Je prends l'autobus. Et vous? (Nous aussi, . . .)
 (iii) Roger remplit le panier. Et nous? (Vous aussi, . . .)
 (iv) Je veux voir les animaux. Et les Duroc? (Eux aussi, . . .)
  (v) Vous devez travailler. Et Roger? (Lui aussi, . . .)
 (vi) Françoise va à l'école. Et les autres élèves? (Eux aussi, . . .)
(vii) Comment vous appelez-vous? (Je . . .)
(viii) M. Duroc rit. Et vous? (Nous aussi, . . .)
 (ix) Je prends le car. Et les autres gens? (Eux aussi, . . .)
  (x) Les enfants polis disent "bonjour". Et nous? (Vous aussi, . . .)
 (xi) L'épicier sert les clients. Et les bouchers? (Eux aussi, . . .)
(xii) Marc peut jouer. Et les petites filles? (Elles aussi, . . .)
(xiii) Dites-vous toujours « merci »? (Oui, nous . . .)
(xiv) Le vieux monsieur doit attendre. Et les enfants? (Eux aussi, . . .)
 (xv) M. Postillon punit les élèves. Et les autres professeurs? (Eux aussi, . . .)

5. Quelle heure est-il? Ecrivez votre réponse en toutes lettres (*in full*).

Du matin

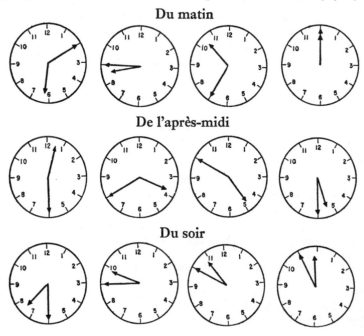

De l'après-midi

Du soir

LEÇON DIX-SEPT—DIX-SEPTIÈME LEÇON

LE PROFESSEUR : Quelle heure est-il à la pendule ?
LA CLASSE : Il est . . . (*l'heure à la pendule de la salle de classe*).
LE PROFESSEUR : À quelle heure finit cette classe ?
LA CLASSE : Elle finit à . . .

LE FACTEUR

Émile Lafarge est facteur.

Il ne travaille pas dans‿une grande ville mais‿à la campagne.

Son travail est très dur, car il est‿obligé de sortir tous les jours et par tous les temps.

Il n'a pas de voiture,

mais‿il distribue ses colis et ses lettres à bicyclette.

Tout le monde l'aime, car il est toujours gai et il a toujours un sourire ou une petite plaisanterie pour les gens qui reçoivent une lettre.

— Maman! Maman! Voilà le facteur! crient les enfants quand Émile arrive avec sa boîte.

— Bonjour, madame. Voici une carte pour vous de votre nièce Brigitte. Elle ne peut pas venir vous voir parce que son mari est malade. Elle vous demande de lui envoyer une lettre pour fixer une autre date.

Comment sait-il que le mari de Brigitte est malade? Oh, Émile sait tout ce qui se passe dans le village, car je regrette de vous dire qu'il a un défaut; il est très curieux et quelquefois il lit les cartes postales avant de les distribuer!

En_hiver les jours sont courts et les nuits sont longues.

Il fait jour très tard

et il fait nuit très tôt.

Il neige souvent

et il fait très froid.

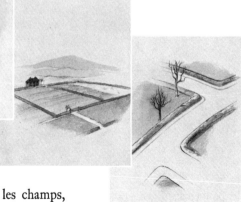

Quand les‿arbres,

les champs,

les routes

et les toits des maisons

sont blancs de neige,

le pauvre Émile ne peut pas se servir de sa bicyclette et il est‿
obligé de distribuer ses lettres à pied.   Mais‿il n'est jamais triste.
Il est toujours heureux.

Il aime regarder les enfants qui patinent sur la glace de l'étang gelé ou qui sont en train de faire un bonhomme de neige.

Quelquefois il est forcé de se défendre contre des garçons mal élevés qui lui lancent des boules de neige!

Mais c'est le brouillard surtout qu'il déteste le plus.   Quand il fait du brouillard, son travail est vraiment dur.

Il perd son chemin et il ne peut pas voir les numéros et les noms des maisons.

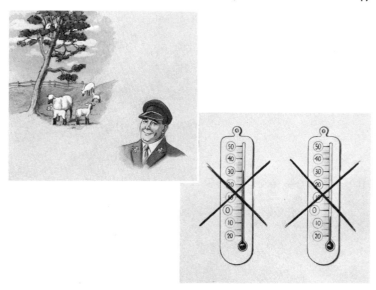

Le printemps est la saison qu'Émile aime le mieux, parce qu'il ne fait ni trop chaud ni trop froid. Les fleurs et les feuilles commencent à pousser et s'il pleut à verse de temps en temps, la pluie ne dure pas longtemps.

En été les jours sont longs et les nuits sont courtes.

Il fait jour très tôt

et il fait nuit très tard.

Quand le soleil brille, il fait très chaud

et Émile est souvent_en nage.

Alors il enlève sa veste.

Quand même, il préfère l'été à l'hiver. Quand_il fait chaud les gens ne se dépêchent pas de refermer la porte et ils_aiment bavarder pendant quelques_instants.

En‿automne

le vent souffle fort

et les feuilles tombent des‿arbres.

En‿hiver la terre est gelée et le ciel est couvert et gris. On ne peut pas passer des‿heures à bavarder par ce temps-là, car il fait trop froid.

Oui, la vie d'un facteur est dure, mais pour un homme comme Émile, qui prend toujours les choses du bon côté, c'est‿un travail très‿intéressant.

PHRASES À RÉPÉTER

En‿hiver les jours sont courts.
Il fait‿un temps splendide.
En‿automne le vent souffle fort.
Quand le soleil brille, il fait chaud.
Il ne fait ni trop chaud ni trop froid.
Elle vous demande de lui envoyer une lettre.

Dictées

1. Se lavent-ils bien quand‿ils se lèvent tard?
2. Dépêche-toi! Il est sept heures et demie. Nous‿allons partir.
3. Le jardinier cultive de beaux légumes dans son jardin.
4. Nous mangeons tout notre chocolat et tous nos bonbons.
5. Savez-vous nager? Peut-on nager quand‿il n'y a pas d'eau?
6. Réveillez-vous! Habillez-vous vite! Vous‿êtes‿en retard.

EXERCICES ORAUX

EXERCICE 1

Exemple : Je donne le cadeau à Charles.
Répondez : Je lui donne le cadeau.
Exemple : Je donne le cadeau aux enfants.
Répondez : Je leur donne le cadeau.

(1) Je donne le cadeau à Charles. (2) Je donne le cadeau aux enfants.
(3) Je prête l'argent à Roger. (4) Je prête l'argent aux élèves. (5)
J'écris la lettre à ma mère. (6) J'écris la lettre à mes parents. (7)
J'envoie la carte à Hélène. (8) J'envoie la carte à mes amis.

EXERCICE 2

Exemple : Donnez le bonbon à l'enfant.
Répondez : Donnez-lui le bonbon.
Exemple : Offrez le gâteau aux enfants.
Répondez : Offrez-leur le gâteau.

(1) Donnez le bonbon à l'enfant. (2) Offrez le gâteau aux enfants.
(3) Envoyez la carte à Maman. (4) Prêtez le vélo à vos amis. (5)
Écrivez la carte aux élèves. (6) Écrivez la lettre à Marc. (7) Posez
cette question à Jean-Pierre. (8) Envoyez un télégramme à vos
grands-parents.

EXERCICE 3

Exemple : Je lui envoie la carte ?
Répondez : Non, ne lui envoyez pas la carte.
Exemple : Je leur donne l'adresse ?
Répondez : Non, ne leur donnez pas l'adresse.

(1) Je lui envoie la carte ?   (5) Je lui pose la question ?
(2) Je leur donne l'adresse ?   (6) Je leur demande la raison ?
(3) Je lui explique la règle ?   (7) Je lui prête la voiture ?
(4) Je leur offre les fruits ?   (8) Je leur envoie le paquet ?

EXERCICE 4

Exemple : Je te donne l'adresse ?
Répondez : Oui, donne-moi l'adresse.
Exemple : Je vous donne les papiers ?
Répondez : Oui, donnez-nous les papiers.

(1) Je te donne l'adresse ? (2) Je vous donne les papiers ? (3) Je
t'explique la leçon ? (4) Je vous envoie la réponse ? (5) Je te rends la
monnaie ? (6) Je vous dis pourquoi ? (7) Je te raconte l'histoire ?
(8) Je vous envoie les colis ?

EXERCICE 5

Exemple :   Donnez-le-lui.
Répondez : Non! Ne le lui donnez pas.
Exemple :   Envoyez-les-lui.
Répondez : Non! Ne les lui envoyez pas.

(1) Donnez-le-lui.   (2) Envoyez-les-lui.   (3) Prêtez-les-lui.   (4) Expliquez-le-lui.   (5) Offrez-les-lui.   (6) Demandez-le-lui.   (7) Prêtez-le-lui.   (8) Dites-le-lui.

EXERCICE 6

Exemple :   Il vous donne le crayon?
Répondez : Oui, il me le donne.
Exemple :   Il vous offre les chocolats?
Répondez : Oui, il me les offre.

(1) Il vous donne le crayon? (2) Il vous offre les chocolats? (3) Il vous dit le mot? (4) Il vous envoie les cartes? (5) Il vous prête le livre? (6) Il vous demande les billets? (7) Il vous explique la leçon? (8) Il vous explique les problèmes?

EXERCICE 7

Exemple :   Le professeur vous explique les problèmes?
Répondez : Oui, il nous les explique.
Exemple :   Vos amis vous offrent leurs bonbons?
Répondez : Oui, ils nous les offrent.

(1) Le professeur vous explique les problèmes? (2) Vos amis vous offrent leurs bonbons? (3) Le receveur vous donne les tickets? (4) Votre ami vous montre ses timbres? (5) Le facteur vous apporte les colis? (6) Vos amis vous prêtent leurs bicyclettes? (7) Vos amis vous envoient leurs adresses? (8) L'épicier vous vend les provisions?

EXERCICE 8

Exemple :   Donnez-lui le pain rassis.
Répondez : Non! ne me le donnez pas.
Exemple :   Ne lui donnez pas les bonbons.
Répondez : Si! Donnez-les-moi.

(1) Donnez-lui le pain rassis. (2) Ne lui donnez pas les bonbons. (3) Donnez-lui la punition. (4) Ne lui donnez pas le gâteau. (5) Donnez-lui le pensum. (6) Ne lui donnez pas le cadeau. (7) Donnez-lui les œufs cassés. (8) Ne lui donnez pas la belle pomme.

EXERCICE 9

Exemple :   Le soleil brille. Il fait mauvais temps ?
Répondez :   Non, il fait beau.
Exemple :   Il pleut. Il fait beau ?
Répondez :   Non, il fait mauvais temps.

(1) Le soleil brille. Il fait mauvais temps ?
(2) Il pleut. Il fait beau ?
(3) Il neige. Il fait chaud ?
(4) Il fait du soleil. Il fait froid ?
(5) Le soleil brille. Il fait nuit ?
(6) Tout le monde dort dans son lit. Il fait jour ?
(7) La pluie tombe. Il neige ?
(8) La neige tombe. Il pleut ?

EXERCICE 10

Exemple :   C'est le printemps, les oiseaux font leurs nids.
Répondez :   Les oiseaux font leurs nids au printemps.
Exemple :   C'est l'été. On va au bord de la mer.
Répondez :   On va au bord de la mer en été.

(1) C'est le printemps. Les oiseaux font leurs nids.
(2) C'est l'été. On va au bord de la mer.
(3) C'est l'automne. Les feuilles tombent.
(4) C'est l'hiver. On voit de la neige.
(5) C'est le printemps. Les feuilles poussent.
(6) C'est l'été. On fait des pique-niques.
(7) C'est l'automne. Le vent souffle.
(8) C'est l'hiver. Il fait très froid.

EXERCICE 11

Exemple :   J'écris à mes parents. *Indication :* tu
Répondez :   Tu écris à tes parents.

(1) J'écris à mes parents : tu. (2) Roger. (3) les enfants. (4) nous.
(5) les cousins. (6) je. (7) vous. (8) nous.

EXERCICE 12

Exemple :   Je reçois des cadeaux à Noël. *Indication :* tu
Répondez :   Tu reçois des cadeaux à Noël.

(1) Je reçois des cadeaux à Noël : tu. (2) Hélène. (3) nous. (4) nos
amis. (5) vous. (6) je. (7) les enfants. (8) nous.

EXERCICE 13

Répondez aux questions :

(1) Quelle est l'occupation d'Emile Lafarge?
(2) Est-ce qu'il travaille dans une grande ville?
(3) Est-ce que son travail est facile?
(4) A-t-il une voiture?
(5) Comment distribue-t-il ses lettres?
(6) Pourquoi est-ce que tout le monde l'aime?
(7) Comment sait-il que le mari de Brigitte est malade?
(8) Quel est son grand défaut?
(9) Comment sont les nuits en hiver?
(10) Et comment sont les jours?
(11) Comment Émile distribue-t-il ses lettres quand il ne peut pas se servir de sa bicyclette?
(12) Qu'est-ce qu'il aime regarder?
(13) Que font les garçons mal élevés?
(14) Qu'est-ce qu'Émile déteste le plus en hiver?
(15) Qu'est-ce qu'il ne peut pas voir quand il fait du brouillard?
(16) Quelle saison Émile aime-t-il le mieux?
(17) Pourquoi?
(18) Est-ce que la pluie dure longtemps au printemps?
(19) Quand le soleil brille et qu'il fait très chaud, que fait Émile?
(20) La vie d'un facteur est dure, mais est-ce qu'elle est ennuyeuse?

EXERCICES ÉCRITS

1. Complete the following sentences, choosing the most suitable ending from each group of four.

(i) Au printemps

A. les fleurs commencent à pousser.
B. les feuilles tombent des arbres.
C. Émile est souvent en nage.
D. il fait nuit très tôt.

(ii) En hiver

    A. la pluie ne dure pas longtemps.

    B. les gens passent des heures à bavarder avec Émile.

    C. les enfants patinent sur la glace.

    D. il ne fait ni trop chaud ni trop froid.

(iii) Émile sait tout ce qui se passe dans le village.

    A. car il distribue ses lettres à bicyclette.

    B. car son travail est très dur.

    C. car il lit les cartes postales avant de les distribuer.

    D. car il est très intelligent.

(iv) En été

    A. les jours sont courts et les nuits sont longues.

    B. il fait très froid.

    C. les jours sont longs et les nuits sont courtes.

    D. il fait souvent du brouillard.

(v) En automne

    A. les enfants mal élevés lancent des boules de neige à Émile.

    B. le vent souffle et les feuilles tombent des arbres.

    C. les toits des maisons sont blancs de neige.

    D. Émile ne peut pas se servir de sa bicyclette.

(vi) La vie d'un facteur est dure.   Émile est obligé de

    A. sortir tous les jours et par tous les temps.

    B. regarder les enfants qui patinent sur la glace.

    C. lire les cartes postales.

    D. se servir de sa voiture.

2. Choose the most suitable answer to each of the following questions.

(i) Que fait Émile quand il ne peut pas se servir de sa bicyclette?

    A. Il laisse ses lettres au bureau de poste.

    B. Il distribue ses lettres à pied.

    C. Il prend sa voiture.

    D. Il reste à la maison.

(ii) Pourquoi est-ce que tout le monde aime Émile?
    A. Parce que son travail est très dur.
    B. Parce qu'il est très curieux.
    C. Parce qu'il est toujours gai.
    D. Parce qu'il se défend contre les garçons mal élevés.

(iii) Que font les enfants quand Émile arrive avec ses lettres?
    A. Ils lui disent: « Au revoir! »
    B. Ils lui jettent des boules de neige.
    C. Ils cachent sa bicyclette.
    D. Ils crient: « Maman! Maman!   C'est le facteur. »

(iv) Pourquoi Émile est-il forcé de se défendre?
    A. Parce que les gens se dépêchent de refermer la porte.
    B. Parce qu'il n'a pas de bicyclette.
    C. Parce que les garçons mal élevés lui lancent des boules de neige.
    D. Parce qu'il est en nage.

(v) Pourquoi est-ce que les jours sont courts en hiver?
    A. Parce que le soleil est très fort.
    B. Parce qu'il fait nuit très tôt.
    C. Parce que les toits sont blancs de neige.
    D. Parce que le temps est mauvais.

(vi) Que fait Émile quand il fait chaud?
    A. Il enlève sa veste.
    B. Il jette sa boîte par terre.
    C. Il achète une bouteille de vin.
    D. Il distribue ses lettres à pied.

3. Answer the following questions.

 (i) Nous essuyons le tableau noir.   Et le professeur?   (Lui aussi, . . .)
(ii) Nous ennuyons les voisins.   Et les enfants?   (Eux aussi, . . .)
(iii) Nous recevons des lettres.   Et M. Chatel?   (Lui aussi, . . .)
(iv) Nous écrivons les devoirs.   Et les jeunes filles?   (Elles aussi, . . .)
(v) Nous envoyons une carte.   Et Brigitte?   (Elle aussi, . . .)
(vi) Nous voyons le moulin.   Et Roger?   (Lui aussi, . . .)

4. Express surprise at each of the following statements, beginning with:
"Vraiment? Vous...?"

  (i) Je n'ennuie pas les professeurs.
 (ii) Je reçois cent cartes à Noël.
(iii) Je nettoie toujours mon vélo.
(iv) J'écris une lettre tous les jours.
 (v) J'envoie toujours un cadeau à Pierre.
(vi) J'essuie toujours la table.

LEÇON DIX-HUIT—DIX-HUITIÈME LEÇON

LE PROFESSEUR : Quel temps fait-il aujourd'hui ?
LA CLASSE :   Il fait‿un temps couvert, monsieur.
              Il fait très beau, monsieur.
              Il fait‿un temps affreux, monsieur.
LE PROFESSEUR : Est-ce qu'on voit le soleil ?
LA CLASSE :   Oui, monsieur, le ciel est très clair.
              Non, monsieur, on ne le voit pas à cause des
              nuages.

HENRIETTE

Henriette est‿une ancienne locomotive.

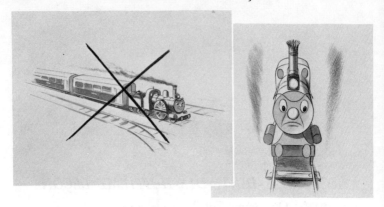

Maintenant qu'elle est vieille et poussive elle ne travaille plus sur les grandes lignes et cela la rend grincheuse.

Chaque fois que le chef de train passe elle a la mauvaise habitude de lui cracher des jets de vapeur et de la fumée noire.   Elle n'est jamais de bonne humeur.   Elle est toujours de mauvaise humeur. Oui, c'est bien triste.   Tout le monde le remarque. Le chef de train la déteste.   Les employés du chemin de fer la détestent. Personne ne l'aime plus.

Elle est aussi extrêmement gourmande.
Elle mange des kilos et des kilos de charbon chaque jour.

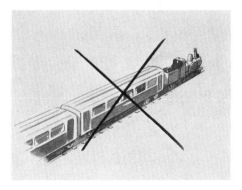

Elle ne tire plus de grandes voitures propres et confortables comme avant.

Aujourd'hui ses voitures ne sont ni propres ni confortables. Elles sont vieilles et les places y sont dures et inconfortables.

Elles salissent les vêtements des gens qui y voyagent.
On ne les nettoie jamais.

Henriette aime beaucoup la gare.

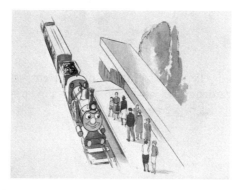

Quand_elle y voit tous les voyageurs qui l'attendent,

elle se croit très_importante.

« C'est moi qu'ils_attendent, pense-t-elle. Ils ne peuvent pas voyager sans moi. »

Mais quand_elle voit les porteurs qui arrivent, ses grands_yeux ronds les regardent d'un_air fâché.   Elle n'aime pas du tout l'idée de transporter les bagages des voyageurs.

« Toutes ces valises et toutes ces malles sont trop lourdes, grogne-t-elle.   Je les déteste. »

Quand le chef de train donne son coup de sifflet pour le départ, elle pense:

« Quel misérable petit bruit! Ce n'est rien. Je peux faire mieux que cela! »

et elle donne un coup de sifflet très fort qui fait sauter en l'air tout le monde sur les quais.

Quand elle voit les gens qui l'attendent au passage à niveau elle ralentit exprès.

— Oh! que je suis importante! crie-t-elle. Ils ne peuvent pas passer avant moi.

Oui, hélas! Elle est vraiment odieuse.

Mais Henriette a un ennemi spécial qui l'ennuie toujours. C'est Gaston le signal. Chaque fois qu'elle est obligée de s'arrêter devant Gaston elle est furieuse.

— Psch-sch-sch! fait-elle en colère. Quelle impertinence! Et elle siffle de rage et crache de la fumée noire.

Un matin elle grimpe vers le haut de la longue côte qui mène au signal.

Quand_elle y arrive elle voit que le misérable Gaston a le bras levé contre elle.

— Nom d'un chien! dit-elle furieusement. Quelle barbe! C'est toujours le même signal. C'est toujours Gaston. Il ne me laisse jamais passer. Je suis sûre qu'il le fait_exprès pour m'ennuyer. Je vais lui donner une bonne leçon.

Et avec un long coup de sifflet

Henriette quitte les rails

et se précipite avec colère vers le signal.

Gaston la voit et tremble de peur.

— Au secours! Au secours! crie-t-il. Henriette est folle!
Elle va me tuer! Aidez-moi! Et il agite vainement les bras.

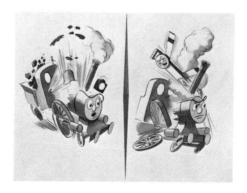

Mais c'est trop tard. Avec un cri de colère Henriette charge vers
le pauvre Gaston. Puis, tout d'un coup, patatras! il y a un bruit
formidable. Avec une explosion affreuse la chaudière d'Henriette
éclate et avec un craquement terrible Gaston tombe sur la vieille
locomotive.

Sous un grand tas de charbon, de fer et de bois la pauvre Henriette donne faiblement un dernier coup de sifflet, puis . . . silence.

Henriette n'existe plus.   Elle est morte.

PHRASES À RÉPÉTER

Les employés du chemin de fer la détestent.
Elle mange des kilos de charbon chaque jour.
Il ne me laisse jamais passer.
Il le fait exprès pour m'ennuyer.
Henriette est folle!   Elle va me tuer!
On ne les nettoie jamais.

Dictées

1. Attends-la ici. Ne bouge pas. Essaie d'être sage.
2. Ma fille aînée n'aime pas la neige. Elle est trop froide.
3. Quel vent! Quelle pluie! Il fait un temps affreux!
4. À Pâques les vacances sont courtes. En été elles sont longues.
5. L'étang est gelé. Nous pouvons patiner là-bas.
6. Quel âge as-tu? J'ai quinze ans. Je suis le cadet.

EXERCICES ORAUX

EXERCICE 1

Exemple : Vous cherchez quelqu'un?
Répondez : Non, je ne cherche personne.

(1) Vous cherchez quelqu'un? (2) Vous attendez quelqu'un? (3) Vous voyez quelqu'un? (4) Vous appelez quelqu'un? (5) Vous accusez quelqu'un? (6) Vous accompagnez quelqu'un? (7) Vous entendez quelqu'un? (8) Vous punissez quelqu'un?

EXERCICE 2

Exemple : Quelqu'un vous touche?
Répondez : Non, personne ne me touche.

(1) Quelqu'un vous touche?   (5) Quelqu'un vous punit?
(2) Quelqu'un vous attaque?   (6) Quelqu'un vous appelle?
(3) Quelqu'un vous réveille?   (7) Quelqu'un vous accompagne?
(4) Quelqu'un vous pousse?   (8) Quelqu'un vous lave?

EXERCICE 3

Exemple : Vous voyez quelque chose?
Répondez : Non, nous ne voyons rien.

(1) Vous voyez quelque chose?   (5) Vous faites quelque chose?
(2) Vous dites quelque chose?   (6) Vous recevez quelque chose?
(3) Vous mangez quelque chose?   (7) Vous écrivez quelque chose?
(4) Vous prenez quelque chose?   (8) Vous voulez quelque chose?

EXERCICE 4

Exemple : Vous jouez quelquefois en classe?
Répondez : Non! Je ne joue jamais en classe.

(1) Vous jouez quelquefois en classe? (2) Vous trichez quelquefois? (3) Vous crachez quelquefois en publique? (4) Vous mangez quelquefois comme un cochon? (5) Vous dormez quelquefois en classe?

(6) Vous écrivez quelquefois sur les murs? (7) Vous copiez quelquefois sur votre voisin? (8) Vous mentez quelquefois?

EXERCICE 5

Exemple :   Je bois souvent du vin.
Répondez : Moi, je ne bois jamais de vin.
Exemple :   Je prends toujours du sucre.
Répondez : Moi, je ne prends jamais de sucre.

(1) Je bois souvent du vin. (2) Je prends toujours du sucre. (3) J'envoie souvent des cartes. (4) J'ai toujours un crayon. (5) Je bois souvent de la bière. (6) J'apporte toujours des bagages. (7) Je prends toujours du café. (8) Je fais souvent des fautes.

EXERCICE 6

Exemple :   Il y a encore du beurre?
Répondez : Non, il n'y a plus de beurre.

(1) Il y a encore du beurre? (2) Il y a encore du vin? (3) Il y a encore du pain? (4) Il y a encore des œufs? (5) Il y a encore de la confiture? (6) Il y a encore de la viande? (7) Il y a encore des cigarettes? (8) Il y a encore des allumettes?

EXERCICE 7

Exemple :   Avez-vous des cigarettes?
Répondez : Non, je n'ai pas de cigarettes.
Exemple :   Avez-vous des cigares?
Répondez : Non, j'ai ni cigarettes ni cigares.

(1) Avez-vous des cigarettes? (2) Avez-vous des cigares? (3) Avez-vous des oranges? (4) Avez-vous des pommes? (5) A-t-il un frère? (6) A-t-il une sœur? (7) A-t-il un père? (8) A-t-il une mère?

EXERCICE 8

Exemple :   Vos livres sont-ils sur le pupitre?
Répondez : Oui, ils y sont.

(1) Vos livres sont-ils sur le pupitre? (2) Le train entre-t-il en gare? (3) Montez-vous dans votre chambre? (4) Est-ce que les agneaux sautent dans les champs? (5) Les enfants jouent-ils au bord de la mer? (6) Va-t-il à Londres? (7) Nage-t-il souvent dans la piscine? (8) Dort-il dans son lit? (9) Rencontrent-ils leurs amis dans la rue? (10) Les voitures attendent-elles au passage à niveau?

EXERCICE 9

Exemple : Je veux aller à la campagne.
Répondez : Eh bien, allez-y.
Exemple : Je ne veux pas aller à l'école.
Répondez : Eh bien, n'y allez pas.

(1) Je veux aller à la campagne. (2) Je ne veux pas aller à l'école.
(3) Je veux aller au cinéma. (4) Je ne veux pas aller à la maison.
(5) Je veux aller dans le jardin. (6) Je ne veux pas aller dans ma chambre.

EXERCICE 10

Exemple : Dites à votre frère de se lever.
Répondez : Lève-toi.
Exemple : Dites à une dame de se reposer.
Répondez : Reposez-vous, Madame.

(1) Dites à votre frère de se lever. (2) Dites à une dame de se reposer.
(3) Dites à votre sœur de se laver. (4) Dites à votre cousin de se
dépêcher. (5) Dites à vos cousins de se dépêcher. (6) Dites à votre
ami de se réveiller. (7) Dites à un vieux monsieur de s'asseoir. (8)
Dites à une petite fille de se coucher.

EXERCICE 11

Exemple : Je ne crois pas cette histoire. *Indication :* tu
Répondez : Tu ne crois pas cette histoire.

(1) Je ne crois pas cette histoire : tu. (2) mon frère. (3) vous. (4) mes
amis. (5) nous. (6) je. (7) vous. (8) nous.

EXERCICE 12

Répondez aux questions :

(1) Qui est Henriette ?
(2) Est-elle jeune et en bonne santé ?
(3) Est-ce qu'elle travaille toujours sur les grandes lignes ?
(4) Qu'est-ce qu'elle fait chaque fois que le chef de train passe ?
(5) Est-elle toujours de bonne humeur ?
(6) Est-ce que le chef de train l'aime ?
(7) Nommez un de ses défauts.
(8) Comment sont les places dans ses voitures ? Sont-elles confortables ?
(9) Est-ce qu'on nettoie souvent Henriette ?

(10) Qu'est-ce qu'elle pense quand elle voit tous les voyageurs qui l'attendent?

(11) Est-ce qu'elle aime transporter les bagages des voyageurs?

(12) Qu'est-ce qu'elle fait quand elle voit tous les gens qui l'attendent au passage à niveau?

(13) Quel est l'ennemi spécial d'Henriette qui l'ennuie toujours?

(14) Qu'est-ce qu'elle fait quand elle est obligée de s'arrêter devant Gaston?

(15) Un matin, quand elle voit que Gaston a le bras levé contre elle, qu'est-ce qu'elle décide à faire?

(16) Elle quitte les rails. Que fait-elle ensuite?

(17) Quand Gaston la voit que crie-t-il?

(18) Que fait Gaston alors?

(19) Quand la chaudière éclate, que fait Gaston?

(20) Henriette existe-t-elle toujours?

EXERCICES ÉCRITS

1. Complete each sentence, choosing the most suitable ending from each group of four.

(i) Maintenant qu'Henriette est vieille et poussive

    A. elle ne travaille plus.

    B. elle ne crache plus de fumée noire.

    C. elle ne mange plus de charbon.

    D. elle ne travaille plus sur les grandes lignes.

(ii) Aujourd'hui ses voitures

    A. sont trop lourdes.

    B. ne sont ni propres ni confortables.

    C. sont sales mais confortables.

    D. sont pleines de valises.

(iii) Quand Henriette voit tous les voyageurs qui l'attendent

    A. elle quitte les rails.
    B. elle mange des kilos de charbon.
    C. elle se croit très importante.
    D. elle donne faiblement un dernier coup de sifflet.

(iv) Quand le chef de train donne son coup de sifflet pour le départ Henriette pense:

    A. « Au secours!   Il va me tuer! »
    B. « Toutes ces malles sont trop lourdes. »
    C. « Oh!   Que je suis importante! »
    D. « Je peux faire mieux que cela. »

(v) Henriette a un ennemi spécial

    A. qui l'ennuie toujours.
    B. qui lui donne une bonne leçon.
    C. qui tremble de peur.
    D. qui agite vainement les bras.

(vi) Quand Henriette arrive en haut de la longue côte,

    A. elle regarde tous les gens sur le quai.
    B. elle attend les voyageurs au passage à niveau.
    C. elle voit que Gaston a le bras levé contre elle.
    D. elle donne un coup de pistolet pour le départ.

2. Reply to the following questions, choosing the most suitable answer from each group of four.

(i) Que fait Henriette chaque fois que le chef de train passe ?

    A. Elle saute de joie.
    B. Elle lui crache des jets de vapeur.
    C. Elle lui demande du charbon.
    D. Elle refuse de travailler.

(ii) Qui aime Henriette?

    A. Personne ne l'aime.
    B. Tout le monde l'aime.
    C. Les employés du chemin de fer l'aiment.
    D. Le chef de train l'aime.

(iii) Comment est Henriette?

    A. Elle est très malhonnête.
    B. Elle est très curieuse.
    C. Elle est très gourmande.
    D. Elle est très jalouse.

(iv) Pourquoi est-ce qu'Henriette regarde les porteurs d'un air fâché?

    A. Parce qu'ils veulent la nettoyer.
    B. Parce qu'ils l'ennuient toujours.
    C. Parce qu'elle n'aime pas l'idée de transporter les bagages.
    D. Parce qu'elle est vraiment odieuse.

(v) Pourquoi est-ce qu'Henriette déteste Gaston?

    A. Parce qu'elle est vieille et grincheuse.
    B. Parce qu'il ferme le passage à niveau.
    C. Parce qu'il se croit très important.
    D. Parce qu'il ne la laisse jamais passer.

(vi) Où se trouve la pauvre Henriette à la fin de cette histoire?

    A. Devant le passage à niveau.
    B. Sous un grand tas de charbon, de fer et de bois.
    C. Sur son ennemi Gaston, le signal.
    D. Dans la gare.

3. Express surprise at each statement, beginning with: "Quoi! Vous ...!"

EXAMPLE: Je n'écoute jamais la radio.
        Quoi! Vous n'écoutez jamais la radio!

  (i) Je ne punis jamais mes enfants.
 (ii) J'ouvre toujours ce magasin le dimanche.
(iii) Je ne dors pas bien à la campagne.
 (iv) Je pars maintenant.
  (v) Je sors tous les soirs.
 (vi) Je finis toujours mon travail avant dix heures.
(vii) Je n'offre jamais ma place à une dame.
(viii) Je ne choisis jamais un vin bon marché.

4. Answer the following questions:

(i) Françoise met ses souliers noirs. Et nous? (Vous aussi, . . .)

(ii) Je prends mon vélo. Et les enfants? (Eux aussi, . . .)

(iii) Ils appellent leurs chiens. Et vous? (Nous aussi, . . .)

(iv) Nous savons notre leçon. Et toi? (Moi aussi, . . .)

(v) M. Postillon punit ses élèves. Et les autres professeurs? (Eux aussi, . . .)

(vi) Ils aiment leur école. Et moi? (Toi aussi, . . .)

APPENDIX A

GRAMMAIRE

LEÇON 11

1. THE INTERROGATIVE AND DEMONSTRATIVE ADJECTIVES

In the sentence:

Which hand do you choose? *This* hand or *that* hand?

which is the INTERROGATIVE ADJECTIVE and *this, that* are the DEMONSTRATIVE ADJECTIVES.

Which? What?

This adjective has four forms in French:

Masc. Sing.	*Fem. Sing.*	*Masc. Plur.*	*Fem. Plur.*
quel?	quelle?	quels?	quelles?

Quel œuf, madame?
Quelle bouteille, madame?
Quels timbres voulez-vous?
Quelles pièces as-tu dans ton porte-monnaie?

NOTE **Quel! quelle!** etc., can also be used in exclamations with the meaning of *what a ... ! what ... !*

Quel bruit!	*What a noise!*
Quelle impertinence!	*What impertinence!*

This, that, these, those

This adjective has four forms:

Masc. Sing.	*Fem. Sing.*	*Plural*
ce	cette	ces
cet (*before a vowel*)		

Voulez-vous envoyer ce télégramme?
Cet œuf est cassé.
Quel est le prix de cette bouteille?
Ces jeunes personnes sont après moi.

STRESS

Sometimes it is necessary to stress *this* or *that*; *this* bottle or *that* egg.

To stress *this* add -ci to the noun:

Cette bouteille-ci, madame?
This bottle, madam?

To stress *that*, add -là to the noun:

Non, cette bouteille-là.
No, *that* bottle.

2. PAS DE . . .

Avez-vous de la monnaie, madame?
Non, monsieur, je regrette, je n'ai *pas de* monnaie.
Avez-vous des sardines?
Non, madame, je regrette, nous n'avons *pas de* sardines.

When du, de la, de l', des (*some*) is controlled by a verb in the *negative* giving the sense of *not any*, *none*, de alone is used.

NOTE de is written d' before a vowel:

pas d'encre   pas d'enfants   pas d'œufs

3. REFLEXIVE VERBS

Ils *se trouvent* derrière un vieux monsieur.
Je *m'appelle* Charles.

Reflexive verbs are those which have an *object* which is the *same person as the subject* (*myself, yourself, himself*, etc.). They will be explained more thoroughly in a later lesson. Meanwhile, try to recognise them when you meet them.

4. Gender Rule No. 5

Most nouns ending in the *sound of a vowel* are *masculine*. (This does not include words ending in -e).

le bateau, *boat*	le bout, *end, bit*
le paquet, *packet*	le déjeuner, *lunch*
le soldat, *soldier*	le prix, *price*
le trou, *hole*	le colis, *parcel*
le mot, *word*	le milieu, *middle*

This, however, is more of a guide than a rule and there are several common exceptions for which you must be on the look out:

la radio, *radio*	une auto, *car*
l'eau (*f.*), *water*	la souris, *mouse*
la voix, *voice*	la fois, *time*

5. Irregular Verbs

dire, to say, to tell

je dis	
tu dis	
il dit	
nous disons	
vous di*tes**	
ils disent	

devoir, to owe, to have to

je do*is*	
tu do*is*	
il do*it*	
nous devons	
vous devez	
ils do*i*vent	

*NOTE 1 This is the third of the only three verbs whose 2nd person plural ends in -tes (vous êtes, vous faites, vous dites).

NOTE 2 As well as meaning *to owe*, devoir is frequently used as a "helper" with a second verb (in the infinitive) to translate *must, have to*.

> Ces jeunes gens *doivent* attendre.
> *These young people must wait.*
> Mon argent *doit* être à la maison.
> *My money must be at home.*

LEÇON 12

1. IRREGULAR FEMININE OF ADJECTIVES

Some adjectives, when adding **e** to form the feminine, undergo a slight spelling change. The most important of these are as follows:

1. Adjectives ending in **-er** change to **-ère**   *Adverb*

premier	première	*first*
léger	légère	*light*

2. Adjectives ending in **-f** change to **-ve**

actif	active	*active*
neuf	neuve	*brand new*

3. Adjectives ending in **-x** change to **-se**

courageux	courageuse	*brave*
jaloux	jalouse	*jealous*

4. Note also the following irregular feminines:

beau*	belle	*beautiful, fine*
vieux*	vieille	*old*
nouveau*	nouvelle	*new*
bon	bonne	*good*
blanc	blanche	*white*
long	longue	*long*
gros	grosse	*large, fat*
doux	douce	*sweet, soft, quiet*

---

*NOTE I **Beau**, **vieux** and **nouveau** have a second singular form which must be used before a *masculine* noun beginning with a *vowel* or *h mute*.

un **bel** enfant	un **bel** homme	un **bel** ami
un **vieil** ennemi	un **vieil** homme	un **vieil** œuf
un **nouvel** ami	un **nouvel** autobus	le **Nouvel** An

This special form is used in the *singular only*. The plural is formed in the usual way.

les **beaux** enfants   les **vieux** ennemis

NOTE 2 The feminine plural of all adjectives, whether regular or not, forms in the usual way by adding **s** to the feminine singular:

actives   courageuses   premières

5. Tout, *all, whole,* drops the **t** in the masculine plural; otherwise it is regular.

tout le gâteau	*all the cake, the whole cake*
tous les autres	*all the others*
toute la classe	*all the class, the whole class*
toutes les rivières	*all the rivers*

2. POSITION OF ADJECTIVES

Most adjectives in French are placed *after* the noun they qualify. A few common ones, however, are frequently placed in front of the noun. Here is a little rhyme to help you to remember them.

mauvais, méchant, vilain, beau, (*bad - naughty, wicked - ugly - fine, beautiful, handsome*)

petit, haut, vieux, joli, gros, (*small - high - old - pretty - large, fat*)

nouveau, gentil, jeune et bon, (*new - kind - young - good*)

grand et meilleur, vaste et long. (*big - better - immense - long*)

3. ADVERBS

In English, most adverbs which are formed from an adjective end in *-ly*. The French equivalent is **-ment**.

1. Adjectives ending in a *vowel* add **-ment** directly to the *masculine singular.*

vrai	vraiment	*truly*
absolu	absolument	*absolutely*
rapide	rapidement*	*rapidly*

*NOTE Remember that vite by itself already means the same as **rapidement**, so do not add **-ment** to vite.

2. Adjectives ending in a *consonant* add **-ment** to the *feminine singular.*

furieux	furieu*s*ement	*furiously*
actif	acti*v*ement	*actively*
premier	premi*è*rement	*firstly*
doux	dou*c*ement	*softly, quietly*

3. A few adjectives form their adverbs irregularly. Here are three of the most important:

bon, *good*   bien, *well*
mauvais, *bad*   mal, *badly*
petit, *little (small)*   peu, *little (not much)*

4. PAIRS OF OPPOSITES

When learning vocabulary, it is a great help to try to arrange words, where possible, in "opposites". Here are some from this lesson. Try to keep a note of any others which you may meet.

facile	difficile	bas	haut
chaud	froid	bon	mauvais
étroit	large	bien	mal
faible	fort	vite	lentement
long	court	gagner	perdre
heureux	malheureux	honnête	malhonnête

5. IL Y A

Note the negative and interrogative forms of il y a:

STATEMENT	(*affirmative*)	il y a
	(*negative*)	il n'y a pas
QUESTION	(*affirmative*)	y a-t-il? est-ce qu'il y a?
	(*negative*)	n'y a-t-il pas? est-ce qu'il n'y a pas?

6. IRREGULAR VERBS

prendre, to take

je prends	nous prenons
tu prends	vous prenez
il prend	ils prennent

mettre, *to put, to put on*

je mets	nous mettons
tu mets	vous mettez
il met	ils mettent

Conjugated in the present tense like **prendre: comprendre,** *to understand.* Like **mettre: battre,** *to beat.*

LEÇON 13

1. CONJUNCTIVE (WEAK) PRONOUNS.   (DIRECT OBJECT)

Roger prend le panier et *l'*attache à son vélo.
Aïe!   Il y a quelque chose qui *me* pique.
Roger déchire sa culotte.   Il *la* regarde.

Subject		*Direct Object*	
je	I	me	me
tu	you	te	you
il, elle	he, she, it	le, la	him, her, it
nous	we	nous	us
vous	you	vous	you
ils, elles	they	les	them

POSITION

The position of the object pronoun is not always the same in French as it is in English.   It is placed *before* the verb except when it is used after an AFFIRMATIVE COMMAND.   (Affirmative is the opposite of negative.)

Before the verb

STATEMENT	(affirmative)	Vous | les |	mangez
	(negative)	Vous ne | les |	mangez pas
QUESTION	(affirmative)	| Les |	mangez-vous?
	(negative)	Ne | les |	mangez-vous pas?
COMMAND	(negative)	Ne | les |	mangez pas!

but

After the verb

COMMAND   (affirmative)   Mangez-│les!│

To sum up:

Always put the object pronoun *before* the verb unless you are *telling someone to do something*.

NOTE 1 After an affirmative command **moi** is used instead of **me**
         Regardez-moi!   *Look at me!*
NOTE 2 Any pronoun placed *after* its verb must be joined to the verb by a *hyphen*.   Look at the above examples.

2. PARTITIVE de AND QUANTITY

1. **As-tu des allumettes?   Non, je n'ai pas *d*'allumettes.**

2. **Deux paquets *de* sandwichs et une bouteille *de* limonade.**

3. **Ils ont *de* belles pommes.**

Study these examples carefully.   You will see that in all of them the *partitive article* (**du, de la, de l', des**) has been replaced by **de** (or **d'**).

This change takes place:

1. When the indefinite article (*a*) or the partitive article (*some, any*) is controlled by a *negative*, giving the sense of *not any*.

il a *un* crayon	il n'a pas *de* crayon
il mange *de la* viande	il ne mange pas *de* viande
nous avons *des* cahiers	nous n'avons pas *de* cahiers

2. In expressions of quantity which answer the question **combien?** (*how much, how many?**).

Il a beaucoup *de* bonbons.	Une boîte *d'*allumettes.
He has a lot of sweets.	*A box of matches.*

*NOTE Observe carefully that *some eggs, some butter* are NOT expressions of quantity.   You are not told how many eggs or how much butter, so you must say:

des œufs   **du** beurre

If, however, *the amount is stated*, e.g., a dozen eggs, a pound of butter, then you say:

une douzaine *d'*œufs   une livre *de* beurre

3. When translating *some* or *any* with a *plural* noun which has an *adjective in front of it.*

| des pommes | *but* | *de* belles pommes |
| des amis | *but* | *de* bons amis |

To sum up :

1. Pas de. . .
2. Combien de . . .?
3. De + ADJECTIVE + NOUN (*in the plural*).

Here are some useful expressions of quantity:

combien de	how much, how many?
assez de	enough
beaucoup de	much, many, a lot, a great deal
trop de	too much, too many
tant de	so much, so many
un peu de	a little, a bit.

Liquides		*Solides*	
un litre de	a litre	un kilo de	a kilo
une bouteille de	a bottle	une livre de	a pound
un verre de	a glass	cent grammes de	100 grammes
une tasse de	a cup	un panier de	a basket
un pot de	a pot, a jug	une boîte de	a box, tin
		un sac de	a sack, bag
		une douzaine de	a dozen

NOTE 1 un kilo(gramme) = 1,000 grammes (a little over 2 lb.)
         une livre   = 500 grammes (just over the English pound)
         100 grammes   = just under ¼ lb.
         un litre   = just under a quart (4½ litres = 1 gallon)

NOTE 2 After assez and trop, *to* is translated by pour:
         J'ai *assez* d'œufs *pour* faire un gâteau.
         I have enough eggs to make a cake.
         Il est *trop* gros *pour* passer entre les murs.
         He is too fat to get between the walls.

3. Questions with a Noun Subject

We saw in Lesson 8, page 76, that the easiest way to translate a question whose subject is a noun is by using **est-ce que.**

Jean joue bien   *John plays well.*
Est-ce que Jean joue bien?   *Does John play well?*

There is another way of turning this kind of question. Though you need not use it yourself for some time, you must learn to recognise it.

STATEMENT: **Jean prend le cahier.**   *John takes the book.*
QUESTION: **Jean prend-*il* le cahier?**   *Does John take the book?*
STATEMENT: **Les élèves font le devoir.** *The pupils do the prep.*
QUESTION: **Les élèves font-*ils* le devoir?**   *Do the pupils do the prep.?*

All one needs to do is to add the pronoun corresponding to the noun subject after the verb.

4. Irregular Verb

Dormir, *to sleep*

je **dors**	nous **dormons**
tu **dors**	vous **dormez**
il **dort**	ils **dorment**

Conjugated like **dormir** are:

sentir, *to feel*   **partir,** *to leave, set off*
mentir, *to tell a lie*   **sortir,** *to go, come out*
servir, *to serve*

The stems for this group of verbs are as follows:

Stem of Sing.:   1st 3 letters of the infinitive: **dor-, men-, sen-,** etc.

Stem of Plural: 1st 4 letters of the infinitive: **dorm-, ment-, sent-,** etc.

Courir, *to run*

je **cours**	nous **courons**
tu **cours**	vous **courez**
il **court**	ils **courent**

As you will see, this verb is nearly the same as the group above except that it has the same stem throughout.

LEÇON 14

1. CARDINAL NUMBERS *(Les Nombres Cardinaux)*

0 Zéro	15 Quinze	70 Soixante-dix
1 Un, une	16 Seize	71 Soixante et onze
2 Deux	17 Dix-sept	80 Quatre-vingt<u>s</u>
3 Trois	18 Dix-huit	81 Quatre-vingt-un
4 Quatre	19 Dix-neuf	82 Quatre-vingt-deux
5 Cinq	20 Vingt	90 Quatre-vingt-dix
6 Six	21 Vingt et un	91 Quatre-vingt-onze
7 Sept	30 Trente	99 Quatre-vingt-dix-neuf
8 Huit	31 Trente et un	100 Cent
9 Neuf	40 Quarante	101 Cent un
10 Dix	41 Quarante et un	200 Deux cents
11 Onze	50 Cinquante	201 Deux cent un
12 Douze	51 Cinquante et un	1,000 Mille
13 Treize	60 Soixante	2,000 Deux mille
14 Quatorze	61 Soixante et un	

When learning the numbers the first thing to do is to make sure that you know (and can spell!) those printed in heavy type.   These are the key numbers from which the others are built up.

Up to 60 the numbers are formed in tens, as in English, but from 60 to 100 the counting is done in twenties.

> 70 is 60 + 10   **soixante-dix**
> 80 is 4 × 20   **quatre-vingts**
> 90 is 4 × 20 + 10   **quatre-ving*t*-dix**

Note carefully the following spelling rules:

1. *Et.*   Et is used in 21, 31, 41, 51, 61 and 71 only.

2. *Hyphen* (le **trait d'union**).   The hyphen is used to join all compound numbers from 17 to 99 *except* those joined by et.

Learn this sentence by heart:

Il n'y a pas de trait d'union avec cent, mille, et.

That is, never put a hyphen either side of **cent, mille** or **et** (*but put one in between all other parts of a compound number*).

3. *Plural.* **Vingt** and **cent** only take an s in the plural when they are *not followed by another number*. **Mille** *never* has an **s**.

NOTE Never put **un** in front of **cent** or **mille**.

One hundred is	cent
One thousand is	mille

2. ORDINAL NUMBERS (*Les Nombres Ordinaux*)

To form ordinal numbers from 3rd upwards add **-ième** to the cardinal numbers.

1st	**premier**	
2nd	**second, deuxième**	
3rd	**troisième**	
4th	**quatrième**	(drop the e)
5th	**cinquième**	(add u)
9th	**neuvième**	(change f to v)
21st	**vingt et unième**	
100th	**centième**	
1,000th	**millième**	(drop the e)

NOTE 1 Cardinals ending in e drop the e when adding -ième.

NOTE 2 Pay special attention to 5th, 9th and 21st.

NOTE 3 Ordinal numbers precede their noun and agree with it like ordinary adjectives.

la premi*ère* maison.

NOTE 4 Note the order of **premier** in this sentence:

Les *deux premiers* autobus qui passent. ...
The *first two* 'buses which pass. ...

3. THE DATE

If you do not already do so, you should put the date in French on all your written work.

Le **premier** jour de la semaine est **dimanche**.
Le **deuxième** jour de la semaine est **lundi**.
Le **troisième** jour de la semaine est **mardi**.
Le **quatrième** jour de la semaine est **mercredi**.
Le **cinquième** jour de la semaine est **jeudi**.
Le **sixième** jour de la semaine est **vendredi**.
Le **septième** jour de la semaine est **samedi**.

Le **premier** mois de l'année est **janvier**.
Le **deuxième** mois de l'année est **février**.
Le **troisième** mois de l'année est **mars**.
Le **quatrième** mois de l'année est **avril**.
Le **cinquième** mois de l'année est **mai**.
Le **sixième** mois de l'année est **juin**.
Le **septième** mois de l'année est **juillet**.
Le **huitième** mois de l'année est **août**.
Le **neuvième** mois de l'année est **septembre**.
Le **dixième** mois de l'année est **octobre**.
Le **onzième** mois de l'année est **novembre**.
Le **douzième** mois de l'année est **décembre**.

Exemples :

le 1er janvier	le 14 juillet
le 5 mars	le 21 août
le 9 mai	le 25 décembre

If you wish to add the days of the week, you put:

lundi, 4 mars
jeudi, 24 juin

NOTE 1   *Cardinal* numbers (2, 3, 4) and not *ordinal* numbers (2nd, 3rd, 4th) are used in French dates. There is, however, *one exception* to this. For the first day of the month **le premier** is used.

vendredi, 1er octobre

NOTE 2   Capital letters should not be used for the names of the months.

Trente jours ont novembre,
Avril, juin et septembre,
De vingt-huit il en est un,
Les autres mois ont trente et un.

4. *Voici* AND *Voilà* + DIRECT OBJECT PRONOUN

Le voilà qui arrive maintenant.
Avez-vous de l'argent? Oui, maman, *le voici*.

To form expressions like *there it is! here we are! here I am!* etc., put the object pronoun (**me, te, le, la, les,** etc.) in front of **voici** or **voilà**.

5. ADJECTIVES FORMED FROM VERBS

La chemise *brûlée*

Note that there are many adjectives which are formed from verbs, such as the so-called *past participles*.

fatigué, *tired*	**mouillé,** *wet*
brûlé, *burnt*	**déchiré,** *torn*

Adjectives formed from **-er** verbs (by far the largest class) end in **-é.** In the feminine they add an *-e mute* like any other adjective.

fatiguée   brûlée   mouillée   déchirée

6. IRREGULAR VERBS

Voir, *to see*	*Savoir*, *to know*
je vois	je sais
tu vois	tu sais
il voit	il sait
nous voyons	nous savons
vous voyez	vous savez
ils voient	ils savent

NOTE Savoir also has the meaning of *can* in this type of sentence:

Savez-vous nager? *Can you swim? (Do you know how to ...?)*
Savez-vous parler français? *Can you speak French?*

LEÇON 15

1. IRREGULAR VERBS IN -ER

The only really irregular verb of the first conjugation is **aller,** but certain other verbs are slightly irregular.   These are verbs which have an **e** and *one consonant* before the infinitive ending, *e.g.*,

> **jeter**, *to throw*   **mener**, *to lead*
> **appeler**, *to call*   **lever**, *to raise*

With these verbs it is necessary to *strengthen the vowel* before the mute **e** ending of the present tense, *i.e.*, in the *singular* and in the *third person plural*.

Jeter, to throw, and **appeler**, to call, do this by *doubling the consonant*:

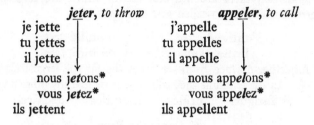

jeter, *to throw*	**appeler**, *to call*
je jette	j'appelle
tu jettes	tu appelles
il jette	il appelle
nous jetons*	nous appelons*
vous jetez*	vous appelez*
ils jettent	ils appellent

Mener, to lead, and **lever**, to raise, take an *accent grave*:

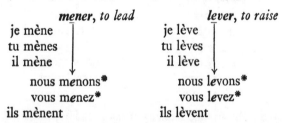

mener, *to lead*	**lever**, *to raise*
je mène	je lève
tu mènes	tu lèves
il mène	il lève
nous menons*	nous levons*
vous menez*	vous levez*
ils mènent	ils lèvent

*NOTE Because the weight falls on the last syllable -ons, -ez, the **e** does not need to be strengthened.   Thus, there is *no change* in the 1st and 2nd persons plural with this type of verb, the **e** remaining *the same as that of the infinitive.*

Acheter: Note that this common verb is conjugated like **mener** and **lever** and not like **jeter**.

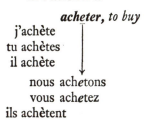

acheter, to buy

j'achète
tu achètes
il achète

nous achetons
vous achetez
ils achètent

Verbs like *espérer*

Some verbs, such as **espérer** and **sécher**, have an é in the syllable before the infinitive ending. This é is changed to è in the singular and in the third person plural.

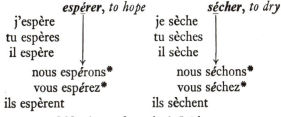

espérer, to hope	*sécher, to dry*

j'espère   je sèche

tu espères   tu sèches

il espère   il sèche

nous espérons*   nous séchons*

vous espérez*   vous séchez*

ils espèrent   ils sèchent

* No change from the infinitive.

2. ACCENTS

In combinations such as:

-èce	-èle	-ère	-ève
-ède	-ème	-èse	-èze
-ège	-ène	-ète	

where **e** is followed by ONE CONSONANT and an E MUTE, an *accent grave* (`) must be placed on the first e.

NOTE An *accent grave* can NEVER be followed in the next syllable by another accent, so where there are two accents following one another, the first must be an accent aigu (').

Only Possible Combinations

é — é

é — è

3. The Relative Pronoun

Ils traversent le champ *qui* mène au moulin.
Le moulin, *que* vous voyez, est très vieux.
Il prend une grosse boîte *qu'*il soulève sur
son épaule.

SUBJECT: **qui**   who, which, that
OBJECT: **que**   whom, which, that

Look at the verb in the relative clause.   If it has a subject already,
then the relative pronoun will be the object (**que**).   If not, it will
be the subject (**qui**).

NOTE Remember to *elide* (cut off) the e of que before a vowel (la boîte
*qu'*il soulève).   *Never* elide the i of qu*i*.

4. *ON*

The French frequently use the pronoun **on** to replace the plural
subject pronouns, **nous, vous, ils, elles,** when it is not known
exactly who is meant by *we, you, they.*

On frappe à la porte.

Who knocks at the door?   *Someone* does, but it is not known
who, so the French use **on**.

NOTE **On** is 3RD PERSON SINGULAR.   *The verb is never put in the plural,*
even where more than one person is meant.

5. *Regarder, Chercher,* ETC.

Remember that the following verbs take a *direct object* in French.
The English preposition is not translated.

	ask FOR	demander	⎫
	wait FOR	attendre	⎬ 4 FOR'S
	pay FOR	payer	⎭
	Look FOR	chercher	
3 L's	Look AT	regarder	
	Listen TO	écouter	

LEÇON 16

1. REFLEXIVE VERBS

Ils ne *se* lavent pas très bien.
They do not wash (themselves) very well.

When the object pronoun of a verb refers to the same person as the subject, it is called a REFLEXIVE PRONOUN (because the action of the verb is reflected back from the object to the subject) and verbs which have this kind of object are called REFLEXIVE VERBS.

Verbs with reflexive pronouns are far more frequent in French than in English, because in our own language it does not always matter if we leave the reflexive pronoun out. We can say:

We wash *ourselves* every morning

OR

We wash every morning

IN FRENCH THE REFLEXIVE PRONOUN CAN NEVER BE LEFT OUT.

se lever, to get up   s'habiller

je me lève	nous **nous** levons
tu **te** lèves	vous **vous** levez
il **se** lève	ils **se** lèvent

NOTE Watch out for verbs which are reflexive in French, but which are not reflexive in English. These can only be known by learning them as they are met. Here are some from this lesson:

se lever	to get up	**se dépêcher**	to hurry
se sauver	to run away	**s'arrêter**	to stop
se battre	to fight	**se précipiter**	to rush
se rappeler	to remember	**s'endormir**	to go to sleep
se reposer	to rest	**se disputer**	to quarrel

If you treat the reflexive pronoun *in the same way as you treat the ordinary object pronoun* you should have no difficulty with it. Try to keep clear in your mind which pronoun is the *subject* and which is the *object*. (The reflexive object is in heavy type.)

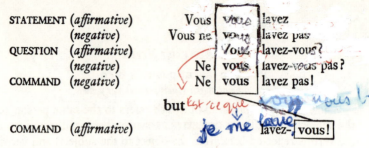

STATEMENT	(*affirmative*)	Vous	vous	lavez
	(*negative*)	Vous ne	vous	lavez pas
QUESTION	(*affirmative*)		Vous	lavez-vous?
	(*negative*)	Ne	vous	lavez-vous pas?
COMMAND	(*negative*)	Ne	vous	lavez pas!

but

| COMMAND | (*affirmative*) | lavez- | vous! |

THE IMPERATIVE (COMMAND)

The imperative of a reflexive verb *follows the same pattern as an ordinary verb with a non-reflexive object.* Remember that the subject pronoun is *not* expressed in the imperative. The pronoun in heavy type is the reflexive object.

	Lève-toi!	*Get up!*
Affirmative:	Levons-nous!	*Let us get up!*
	Levez-vous!	*Get up!*
	Ne te lève pas!	*Don't get up!*
Negative:	Ne nous levons pas!	*Let us not get up!*
	Ne vous levez pas!	*Don't get up!*

2. TIME (l'heure)

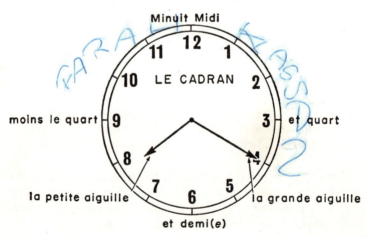

Quelle heure est-il à la pendule?

Il est midi
(Il est_une heure,
Il est deux heures,
Il est trois heures,
        etc.)
Il est minuit.

Il est midi et quart
(Il est_une heure et quart,
Il est deux heures et quart,
Il est trois heures et quart,
        etc.)
Il est minuit et quart.

Il est midi et demi
(Il est_une heure et demie,
Il est deux heures et demie,
Il est trois heures et demie,
        etc).
Il est minuit et demi.

Il est midi moins* le quart
(Il est_une heure moins le quart,
Il est deux heures moins le quart,
Il est trois heures moins le quart,
        etc.)
Il est minuit moins le quart.

*NOTE Once the half-hour is passed, time *to the hour* is deducted (**moins**, *minus* or *less*) from the *next hour*.

MINUTES PAST THE HOUR

Il est_une heure cinq,
Il est_une heure dix,
Il est_une heure vingt,
        etc.

MINUTES TO THE HOUR

> Il est‿une heure moins vingt-cinq,
> Il est‿une heure moins vingt,
> Il est‿une heure moins dix,
> > etc.

NOTE 1 Et (*and*) is only used for *quarter past* and *half past*. **It is not used for the minutes.**

NOTE 2 The word *minutes* is not expressed in French. In English we put in *minutes* and leave out *hours* (six *minutes* past four). The French do the opposite: they put in **heures** and leave out **minutes** (quatre **heures** six).

3. IRREGULAR VERB

rire, to laugh

je ris	nous rions
tu ris	vous riez
il rit	ils rient

Conjugated like **rire**: **sourire**, *to smile*.

LEÇON 17

1. CONJUNCTIVE (WEAK) PRONOUNS (INDIRECT OBJECT)

Elle vous demande de *lui* envoyer une lettre.
She asks you to send her a letter.

If you look carefully at the above example you will see that the DIRECT OBJECT of **envoyer** is **lettre**. The pronoun **lui** is the INDIRECT OBJECT.

In French, the kind of verbs which take an INDIRECT OBJECT are verbs of giving, sending, telling, asking, lending, offering, promising, etc., where you have the *thing* given, sent, told, asked, etc., and the *person* to whom you send, tell, ask, etc.

PERSONAL PRONOUNS

Subject		Direct Object		Indirect Object	
je	I	me*	me	me*	to me
tu	you	te*	you	te*	to you
il	he	le	him, it	lui {	to him
elle	she	la	her, it		to her
				(y†)	to it, in it, there)
nous	we	nous	us	nous	to us
vous	you	vous	you	vous	to you
ils } they		les	them	leur	to them
elles				(y†)	to them, in them, there)

*NOTE 1 me and te change to moi and toi when placed after an imperative:

touchez-*moi*   lève-*toi*

†NOTE 2 y is included in this table for completeness. It will be explained in the next lesson.

NOTE 3 Be careful to spell the PRONOUN leur correctly. There is *no* s. It is the POSSESSIVE ADJECTIVE which takes an s in the plural (leurs enfants).

POSITION

The *indirect object* pronoun follows the same rules for position as the *direct object, i.e.,* it is placed BEFORE the verb, *except with an imperative affirmative*:

Je *lui* parle.   Ne *lui* parlez pas!
Parlez-*lui*!

DIRECT AND INDIRECT OBJECT PRONOUNS TOGETHER

When direct and indirect object pronouns are used together (*e.g., it to me, them to us, it to you,* etc.) the following order must be observed:

A. *Before the Verb* (*Statements, Questions, Imperative Negative*)

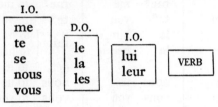

To practise the above combinations of pronouns, repeat the following groups (reading across the page) until you can say them without any hesitation:

me le	me la	me les
te le	te la	te les
se le	se la	se les
nous le	nous la	nous les
vous le	vous la	vous les
le lui	la lui	les lui
le leur	la leur	les leur

B. *After the Verb* (*Imperative Affirmative*)

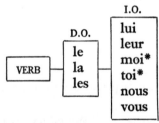

*NOTE 1 Remember that **moi** and **toi** are used instead of **me** and **te** after an imperative affirmative.

NOTE 2 All pronouns placed *after* their verb require to be joined by a *hyphen.*

NEGATIVE

In the negative, ne is placed *immediately before* the direct and indirect object pronouns.

Ils **ne** me le donnent **pas.**

2. THE WEATHER (*le temps*)

Verbs describing the weather are generally used *impersonally,* that is, with **il** (*it*) as subject.   Note the idiomatic use of the verb **faire:**

Il fait beau (temps)	It is fine
Il fait mauvais (temps)	It is bad weather
Il fait chaud	It is hot
Il fait froid	It is cold
Il fait du vent	It is windy
Il fait du brouillard	It is foggy
Il fait du soleil	It is sunny
Il fait de l'orage	It is stormy
Il fait jour	It is light
Il fait nuit	It is dark
Il pleut	It is raining
Il neige	It is snowing
Il gèle*	It is freezing
Il tonne	It is thundering
Il y a des éclairs	There is lightning

*NOTE **geler** is conjugated like **mener** and *not* like **appeler.**

Another very useful way of expressing the weather is by the expression **Il fait un temps** + adjective:

Il fait un temps splendide
superbe } lovely, glorious
affreux
de chien } frightful, awful
couvert
gris } dull, cloudy, overcast

Quel temps fait-il? (*What's the weather like?*)

Le soleil

Il fait du soleil
Il fait beau temps
Il fait chaud
Le soleil brille
Il fait‿un temps superbe

La pluie

Il pleut (à verse)
Il fait mauvais temps
Il fait‿un temps couvert
Il fait‿un temps gris
Il fait‿un temps affreux

La neige

Il neige
Il gèle

Le vent

Le vent souffle
Il fait du vent

Le brouillard

Il fait du brouillard
Il fait sombre (*dark*)

Un orage

Il fait de l'orage
Il y a des‿éclairs

3. THE SEASONS (*Les Saisons*)

Le printemps

Au printemps les_oiseaux font leurs nids et les feuilles commencent_à pousser.

L'été

En_été on se baigne au bord de la mer.

L'automne

En_automne le vent souffle et les feuilles tombent des_arbres.

L'hiver

En_hiver il fait froid et nous_aimons avoir un bon feu.

L'été (*m.*)	summer	en_été	*in* summer
L'automne (*m.*)	autumn	en_automne	*in* autumn
L'hiver (*m.*)	winter	en_hiver	*in* winter
Le printemps	spring	*au printemps	*in* spring

*NOTE 1 En été, en automne, en hiver, *but* au printemps.

NOTE 2 The seasons are all *masculine* in French.

Le Commencement des Saisons

Le printemps commence le 21 mars.
L'été commence le 21 juin.
L'automne commence le 23 septembre.
L'hiver commence le 22 décembre.

4. GENDER RULE No. 6

Nouns ending in **-eur** are:

MASCULINE if they denote a person:

le porteur, *porter*	le receveur, *conductor*
le facteur, *postman*	le docteur, *doctor*

FEMININE (usually) if they do not:

la couleur, *colour*	la fleur, *flower*
la vapeur, *steam*	la peur, *fear*

5. IRREGULAR VERBS

Verbs in **-oyer** and **-uyer** change the y to i before an e *mute*.

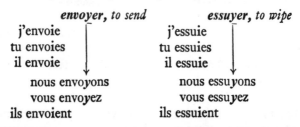

envoyer, to send	*essuyer, to wipe*
j'envoie	j'essuie
tu envoies	tu essuies
il envoie	il essuie
nous envoyons	nous essuyons
vous envoyez	vous essuyez
ils envoient	ils essuient

Conjugated in the present tense like **envoyer**: **nettoyer**, *to clean.*
Conjugated like **essuyer**: **ennuyer**, *to annoy.*

NOTE Verbs in **-ayer** (like **essayer**, *to try* and **payer**, *to pay*) may be
spelled with either an i *or* a y in their present tense:

j'essaie   *or*   **j'essaye**

écrire, to write	*recevoir, to receive*
j'écris	je reçois
tu écris	tu reçois
il écrit	il reçoit
nous écrivons	nous recevons
vous écrivez	vous recevez
ils écrivent	ils reçoivent

LEÇON 18

1. NEGATIVES

Ils *ne* peuvent *pas* voyager sans moi.
On *ne* les nettoie *jamais*.
Henriette *n'*existe *plus*.
Ce *n'*est *rien*.
Personne ne l'aime.
Ses voitures *ne* sont *ni* propres *ni* confortables.

If you study the above examples you will see that the other negative forms are used the same way as ne . . . pas, that is, ne is always placed before the verb. Ne must *never be left out*.

ne . . . pas	not
ne . . . pas du tout	not at all
ne . . . jamais	never, not ever
ne . . . plus	no more, no longer
ne . . . rien*	nothing
ne . . . personne*	no one, nobody
ne . . . ni . . . ni	neither . . . nor

*NOTE 1 Rien and personne are pronouns and so may be the subject *or* the object of the verb.

SUBJECT:	**Personne *ne* l'aime.**	*No one likes her.*
OBJECT:	**Elle *n'*aime personne.**	*She likes no one.*
SUBJECT:	**Rien *n'*est impossible.**	*Nothing is impossible.*
OBJECT:	**Je *ne* fais rien.**	*I am doing nothing.*

NOTE 2 Be careful of sentences like 'I am *not* doing *anything*'. One must say 'I am doing *nothing*'.

Je *ne* fais *rien*.

nothing = *not anything*   no one = *not anyone*
no more = *not any more*
etc.

Pas can *never* be put with another negative form. **Plus** and jamais, however, can be combined with others.

***Personne* ne l'aime *plus*.**	*No one likes her any more.*
Il ne fait *jamais rien*.	*He never does anything.*

NOTE 3 Negative forms may be used alone (*i.e.*, without a verb) in answer to questions:

Qu'est-ce que vous faites?	***Rien.***
Qui aime Henriette?	***Personne.***
Quand est-ce qu'on la nettoie?	***Jamais.***
Aime-t-elle cette idée?	***Pas du tout.***

NOTE 4 Jamais can also mean *ever*. In this case the ne is left out.

Êtes-vous *jamais* méchant?   Non, *jamais*.
Are you ever naughty?   *No, never.*

NOTE 5 When jamais and plus control the indefinite article (**un, une**) or the partitive article (**du**, etc.) with the sense of *never any* or *not any more*, the same change to the preposition de occurs as after pas.

Il a toujours *un* crayon.   Il n'a jamais *de* crayon.
He has always got a pencil.   He never has a pencil.

Je n'ai plus *d'*encre.
I have no more ink.

2. Y

Y is a conjunctive (weak) pronoun and belongs grammatically to the table of pronouns already learned (Lesson 17, page 186). It is used to avoid the repetition of an adverbial phrase answering the question *where?* and has the meaning of *there*. *It follows the same* *rule for position as the other conjunctive pronouns, i.e.*, before the verb except after an imperative affirmative.

Où (sur, sous, devant, derrière, dans, entre, à, etc.)=y

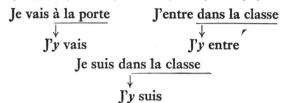

Je vais à la porte   J'entre dans la classe
        ↓   ↓
      J'*y* vais   J'*y* entre

        Je suis dans la classe
                ↓
              J'*y* suis

Look at the following examples:

1. Ses voitures sont vieilles et les places *y* sont dures.
2. Elle regarde la gare et les voyageurs qui *y* attendent.

In 1, Y stands for **dans ses voitures**.
In 2, Y stands for **à la gare**.

NOTE 1 Là, *there*, is used when pointing to a place. Y, *there*, is used when referring to a place just mentioned. Compare **Voilà** and **Il y a.**

NOTE 2 Be careful not to confuse y (referring to *a place*) with **lui** and **leur** (referring to *a person or persons*).

NOTE 3 Y counts as a *vowel*. Do not forget to elide the *e mute* of words like **me, ne, te, le**, etc., before y.

        *J'*y vais.   *N'*y allez pas.

NOTE 4 When y is used with *direct* and *indirect object* pronouns it is always placed *after* them.

        Nous *les y* rencontrons
        Nous *les leur y* envoyons

3. Irregular Verbs

Ouvrir, *to open*

j'ouvre	nous ouvrons
tu ouvres	vous ouvrez
il ouvre	ils ouvrent

Conjugated like **ouvrir** are: **couvrir**, *to cover*, **découvrir**, *to discover*, **offrir**, *to offer*, **souffrir**, *to suffer*.

croire, to believe

je crois	nous croyons
tu crois	vous croyez
il croit	ils croient

APPENDIX B

LIST OF REGULAR AND IRREGULAR VERBS

Présent		Compounds and verbs conjugated in a similar manner
VERBS IN -er *Regular*		
donner, *to give*		about 4,000
je donne	nous donnons	
tu donnes	vous donnez	
il donne	ils donnent	
Irregular		
commencer, *to begin*		**lancer,** *to hurl*
je commence	nous commençons	**avancer,** *to advance*
tu commences	vous commencez	all other verbs ending
il commence	ils commencent	in -cer.
manger, *to eat*		**mélanger,** *to mix*
je mange	nous mangeons	**se diriger vers,** *to*
tu manges	vous mangez	*move towards*
il mange	ils mangent	**nager,** *to swim*
		all other verbs ending
		in -ger.
appeler, *to call*		**rappeler,** *to recall*
j'appelle	nous appelons	**se rappeler,** *to*
tu appelles	vous appelez	*remember*
il appelle	ils appellent	
jeter, *to throw*		
je jette	nous jetons	
tu jettes	vous jetez	
il jette	ils jettent	

Présent		*Compounds and verbs conjugated in a similar manner*
mener, *to lead*		
je mène	nous menons	**acheter,** *to buy*
tu mènes	vous menez	**lever,** *to raise*
il mène	ils mènent	**se lever,** *to get up*
		geler, *to freeze*
		ramener, *to bring back*
espérer, *to hope*		
j'espère	nous espérons	**sécher,** *to dry*
tu espères	vous espérez	**pénétrer,** *to penetrate*
il espère	ils espèrent	**préférer,** *to prefer*
essuyer, *to wipe*		
j'essuie	nous essuyons	**ennuyer,** *to annoy*
tu essuies	vous essuyez	
il essuie	ils essuient	
nettoyer, *to clean*		
je nettoie	nous nettoyons	
tu nettoies	vous nettoyez	
il nettoie	ils nettoient	
envoyer, *to send*		
j'envoie	nous envoyons	
tu envoies	vous envoyez	
il envoie	ils envoient	
aller, *to go*		
je vais	nous allons	
tu vas	vous allez	
il va	ils vont	

VERBS IN -ir
Regular

finir, *to finish*		
je finis	nous finissons	
tu finis	vous finissez	
il finit	ils finissent	

Présent		Compounds and verbs conjugated in a similar manner
	Irregular	
dormir, *to sleep*		sentir, *to feel, to smell*
je dors	nous dormons	mentir, *to tell a lie*
tu dors	vous dormez	servir, *to serve*
il dort	ils dorment	sortir, *to go out*
		partir, *to depart*
		s'endormir, *to fall asleep*
courir, *to run*		
je cours	nous courons	
tu cours	vous courez	
il court	ils courent	
ouvrir, *to open*		couvrir, *to cover*
j'ouvre	nous ouvrons	découvrir, *to discover*
tu ouvres	vous ouvrez	offrir, *to offer*
il ouvre	ils ouvrent	souffrir, *to suffer*
	VERBS IN -re	
	Regular	
attendre, *to wait*		
j'attends	nous attendons	
tu attends	vous attendez	
il attend	ils attendent	
	Irregular	
croire, *to believe*		
je crois	nous croyons	
tu crois	vous croyez	
il croit	ils croient	
écrire, *to write*		
j'écris	nous écrivons	
tu écris	vous écrivez	
il écrit	ils écrivent	

Présent		Compounds and verbs conjugated in a similar manner
dire, *to say, to tell*		
je dis	nous disons	
tu dis	vous dites	
il dit	ils disent	
faire, *to do, to make*		
je fais	nous faisons	
tu fais	vous faites	
il fait	ils font	
rire, *to laugh*		
je ris	nous rions	**sourire,** *to smile*
tu ris	vous riez	
il rit	ils rient	
être, *to be*		
je suis	nous **sommes**	
tu es	vous **êtes**	
il est	ils **sont**	
mettre, *to put*		
je mets	nous **mettons**	**battre,** *to beat*
tu mets	vous **mettez**	**se battre,** *to fight*
il met	ils **mettent**	
prendre, *to take*		
je prends	nous prenons	**comprendre,** *to understand*
tu prends	vous prenez	
il prend	ils prennent	**apprendre,** *to learn, to teach*

VERBS IN -oir

Irregular

avoir, *to have*		
j'ai	nous **avons**	
tu **as**	vous **avez**	
il **a**	ils **ont**	

Présent	Compounds and verbs conjugated in a similar manner
savoir, *to know* je sais nous savons tu sais vous savez il sait ils savent	
devoir, *to owe, to have to* je dois nous devons tu dois vous devez il doit ils doivent	
recevoir, *to receive* je reçois nous recevons tu reçois vous recevez il reçoit ils reçoivent	
pouvoir, *to be able* je peux (puis) nous pouvons tu peux vous pouvez il peut ils peuvent	
vouloir, *to wish, to want* je veux nous voulons tu veux vous voulez il veut ils veulent	
voir, *to see* je vois nous voyons tu vois vous voyez il voit ils voient	revoir, *to see again*

VOCABULAIRE

Français—Anglais

Words which have the same form and meaning in both French and English are not included. The feminine of adjectives is not given when it forms regularly by adding **e**. An asterisk (*) before an **h** indicates an **h aspiré**.

A

à, to at

d'abord, first of all

accepter, to accept

d'accord, all right, O.K., agreed

accompagner, to accompany

acheter, to buy

une adresse, address

une affaire, affair, business; ce n'est pas ton affaire, it's not your business

affreux(-se), frightful

un agent de police, policeman

agir, to act, to behave

un agneau, lamb

aïe! ow! ouch!

une aide, help; à l'aide de, with the help of

aider, to help

une aile, wing

aimable, pleasant, nice

aimer, to like

aîné, eldest

un air, look, air; il a l'air de, he looks like; d'un air fâché, angrily

alors, well, well then

aller, to go; je vais écrire, I shall write

allumer, to light

une allumette, match

un ami, une amie, friend

ancien(-ne), ancient

anglais, English

un an, year; le Jour de l'An, New Year's Day; le Jour de Noël, Christmas Day

une année, year

un anniversaire, birthday

août, August

un appartement, flat

appeler, to call; je m'appelle, my name is; s'appelle, is called; comment vous appelez-vous? What is your name?

apporter, to bring

après, after

un après-midi, afternoon

un arbre, tree

l'argent, (m.), money

un arrêt, stop

arrêter, to stop, to arrest; s'arrêter, to stop, to come to a stop

arriver, to arrive

as, *see* avoir

assez, enough; assez large, wide enough; assez d'argent, enough money

attacher, to attach; l'attache, attaches it

attendre, to wait (for)

attention! look out!

au, at the, to the, in the, into the

aujourd'hui, today

un autobus, bus

un automne, autumn

autre, other; l'un après l'autre, one after the other

avancer, to advance, to go on

avant, before; avant de, before

avec, with; et avec ça? will there be anything else?

une **aventure**, adventure
un **aviateur**, airman

B

les **bagages** (*m. pl.*), luggage
se **baigner**, to bathe
bâiller, to yawn
la **banane**, banana
la **barbe**, beard; Oh! la barbe! What a beastly nuisance! à barbe blanche, with a white beard
la **barrière**, (barred) gate
bas(-se), low
la **basse-cour**, farmyard
le **battement**, beating
battre, to beat; se battre, to fight
bavarder, to gossip
beau, bel (belle), beautiful, lovely
beaucoup, much, very much
la **bicyclette**, bicycle; à bicyclette, by, on a bicycle
bien, well, very; très bien, very good
bientôt, soon
la **bière**, beer
le **billet**, note, ticket
la **blague**, joke; sans blague! you're joking!
blanc (blanche), white
le **bois**, wood
la **boîte**, box, tin
bon(-ne), good
le **bonbon**, sweet
le **bonhomme de neige**, snowman
bonjour, good morning, good afternoon, hello
bon marché, cheap
bonté divine! goodness gracious!
le **bord**, side, edge; au bord de, by the side of, at the edge of; au bord de la mer, at the seaside
boucher, to block
bouder, to sulk

la **boule de neige**, snowball
le **bout**, end; au bout de, after
la **bouteille**, bottle
la **branche**, branch
le **bras**, arm
briller, to shine
le **brouillard**, fog; il fait du brouillard, it is foggy
le **bruit**, noise
brûler, to burn; brûlé, burnt; qui brûle, burning
le **bureau**, office
le **bureau de poste**, post office

C

ça, that; c'est ça, that's right, that's it
le **cadet**, youngest
le **café**, coffee; café
la **carte (postale)**, (post)card
cacher, to hide
le **canard**, duck
le **canif**, penknife
car, for
casser, to break; cassé, broken
à **cause de**, because of
ce, cet, cette, this, that; ce . . .-ci, this; ce . . .-là, that
cent soixante-treize, one hundred and seventy-three
le **centime**, centime (100 centimes = 1 franc)
certainement, certainly
la **chaise**, chair
la **chambre**, (bed)room
le **chameau**, camel
le **champ**, field
changer, to change
le **chapeau**, hat
chaque, each
le **charbon**, coal
le **chardon**, thistle
chaud, hot; il fait chaud, it is hot (weather)
la **chaudière**, boiler
la **chaussette**, sock

le **chef de train**, guard
le **chemin**, way, road; **le chemin de fer**, railway
la **chemise**, shirt
cher (chère), dear
chercher, to look for
le **cheval**, horse
chez, at the house of; **chez le . . .**, at the . . . .'s
chic, decent, nice, kind
le **chien**, dog; **nom d'un chien!** confound it!
le **chocolat**, chocolate
choisir, to choose
chouette! good!
chuchoter, to whisper
chut! sh!
le **ciel**, sky
cinquante, fifty
le **clair de lune**, moonlight; **au clair de lune**, in the moonlight
la **classe**, class, school, lessons
la **cliente**, (lady) customer
le **clou**, nail
le **cochon**, pig
le **coffre**, boot (*of a car*)
le **coin**, corner
coincé, stuck
la **colère**, anger; **avec colère**, angrily; **en colère**, in a temper
le **colis**, parcel
combien? how much? how many?
comme, as, like
comment? how? **comment! what!**
commencer (à), to start, to begin
complètement, completely
comprendre, to understand
compter, to count
la **confiture**, jam; **le sandwich à la confiture**, jam sandwich
confortable, comfortable
content, pleased
le **contraire**, opposite
contre, against

le **contrebandier**, smuggler
la **côte**, hill
le **côté**, side; **à côté de**, by the side of; **de l'autre côté**, on, to the other side; **prendre les choses du bon côté**, to look on the bright side
le **cou**, neck
se **coucher**, to go to bed
le **coup**, blow; **tout d'un coup**, all of a sudden
couper, to cut
courageux(-se), brave
courir, to run
la **course**, race; **faire une course**, to have a race
court, short
coûter, to cost
couvert, dull (weather)
cracher, to spit
le **craquement**, crack, cracking noise
la **cravate**, tie
le **crayon**, pencil; **au crayon**, in pencil
le **cri**, shout; **pousser un cri**, to give a shout
crier, to shout
croire, to believe, to think; **se croit**, thinks herself
curieux(-se), curious, inquisitive

D

dangereux(-se), dangerous
dans, in, into
danser, to dance
de, of, from, with, to
décider, to decide
déchirer, to tear; **déchiré**, torn
le **défaut**, defect, fault
se **défendre**, to defend oneself
déjà, already
le **déjeuner**, lunch; **le petit déjeuner**, breakfast
demander, to ask (for)
demi, half; **sept heures et demie**, half past seven

le **départ**, start

se **dépêcher** (de), to hurry, to hasten; **dépêchez-vous!** hurry up!

dépenser, to spend

dernier(-ère), last

derrière, behind

descendre (de), to alight (from), to get off

désirer, to desire, to want

se **déshabiller**, to undress

le **détective**, detective

détester, to hate

deuxième, second

devant, in front of

devoir, to have to, must

le **devoir**, (written) exercise

difficile, difficult

dimanche, Sunday

dire, to say, to tell; **dire la vérité**, to tell the truth

se **diriger**, to make one's way

dis, disent *see* **dire**

distribuer, to deliver

dites *see* **dire**

dois, doit, doivent *see* **devoir**

dommage! pity!

donner, to give; se **donner**, to give oneself

dormir, to sleep, to be asleep

doucement, quietly

la **douche**, shower

la **douzaine**, dozen; **un franc vingt-cinq la douzaine**, one franc and twenty-five centimes a dozen

à **droite**, on, to the right

drôle, funny, comical

du, some, of the

dur, hard

durer, to last

E

l'**eau** (*f.*), water

éclater, to burst

écouter, to listen (to)

écrire, to write

un **écriteau**, signboard

en **effet**, indeed

élevé, brought up; **mal élevé**, rude

un **élève**, une **élève**, pupil

elles, they

embrasser, to kiss

un **employé**, clerk

en, in, into

l'**encre** (*f.*), ink

un **encrier**, inkwell

encore, again, yet; **pas encore**, not yet

s'**endormir**, to go to sleep

un **endroit**, place, spot

un **enfant**, une **enfant**, child

enfin, at last

enlever, to take off, away

ennuyer, to annoy

ennuyeux(-se), annoying, boring

ensuite, then, next

entendre, to hear

entre, between

entrer (à, dans), to enter, to go in(to)

envoyer, to send

une **épicerie**, grocer's

un **épicier**, grocer

une **épaule**, shoulder

un **escalier**, staircase

espérer, to hope

essayer (de), to try

c'est, it is; **c'est ça**, that's right, that's it; **n'est-ce pas?** isn't it, isn't he, doesn't he, etc.

être, to be

étroit, narrow

un **étang**, pond

un **été**, summer; **en été**, in summer

eux, (*emphatic*) they

s'**excuser**, to apologise; **je m'excuse**, I'm sorry; **tu vas t'excuser**, you will apologise

exister, to exist

exprès, on purpose

extrêmement, extremely

F

en face, opposite
fâché, angry
facile, easy
facilement, easily
le facteur, postman
faible, weak
faiblement, feebly
faire, to do, to make; fait-elle, she goes
la famille, family
la farine, flour
fatigué, tired
la faute, mistake
le fer, iron
le fermier, farmer
le feu, fire; faire du feu, to make a fire
la feuille, leaf
la ficelle, string, piece of string
fier (fière), proud
la figure, face
le fils, son
la fin, end
fixer, to fix, arrange
la fleur, flower
floc! splash!
la fois, time
folle *fem.* of fou, mad
forcé de, forced to
la forêt, forest
formidable, terrific
fort, hard, loud, loudly
frais (fraîche), fresh
le franc, franc
frapper, to strike, to hit, to knock
froid, cold; il fait froid, it is cold (weather)
le fromage, cheese; le sandwich au fromage, cheese sandwich
les fruits (*m. pl.*), fruit
la fumée, smoke
furieux(-se), furious

G

gagner, to win

le gant, glove
garder, to guard, to keep
gai, cheerful
la gare, station
à gauche, on, to the left
gelé, frozen
les gens (*m. pl.*), people
la girafe, giraffe
la glace, ice
le gond, hinge
gourmand, greedy
le gouvernement, government
grace à, thanks to
grand, great, large, tall
grave, serious
grimper, to climb
grincer, to squeak
grincheux(-se), grumpy
gris, grey
grogner, to grumble, to grouse
gros(-se), large, fat

H

s'habiller, to get dressed
habiter, to live (in)
une habitude, habit
la *haie, hedge
hanté, haunted
*haut, high; qu'il est haut! how high it is!
le *haut, top; en haut, at the top
hélas! alas!
l'herbe, (*f.*), grass
l'heure (*f.*), time, hour; quelle heure est-il? what time is it?
heureux(-se), happy
heureusement, luckily
le *hibou, owl
une histoire, story
un hiver, winter; en hiver, in winter
un homme, man
honnête, honest
l'humeur (*f.*), humour; de bonne humeur, good tempered

I

ici, here

une **idée**, idea
il y a, there is, there are
impoli, impolite, rude
un **incendie**, fire
une **indication**, clue, stimulus
indigné, indignant
inquiet(-ète), worried
un **inspecteur**, inspector
un **instant**, moment
intéressant, interesting

J

la **jambe**, leg
jamais, ever; **ne ... jamais**, never
janvier, January
le **jardin**, garden
jaune, yellow
jeter, to throw, to throw away
jeudi, Thursday
jeune, young
la **joie**, joy
jouer, to play
le **jour**, day; **il fait jour**, it is, it gets light; **quel jour sommes-nous?** what day is it?
le **journal**, newspaper
la **journée**, day
jusqu'à, to, as far as
juste, just

K

le **kilo**, kilo (*approx.* 2¼ lbs.)

L

là, there; **oh! là! là!** oh! dear!
là-bas, over there
le **lac**, lake
là-haut, up there
laisser, to leave, to let, to allow; **laisser tomber**, to drop
lancer, to throw
large, wide
se **laver**, to wash, to get washed
le **légume**, vegetable

le **lendemain**, the next day; **le lendemain matin**, the next morning
lentement, slowly
la **lettre**, letter
leur (*adj.*), their; **leur** (*pron.*) to them
se **lever**, to get up; **levé**, raised, up
libre, free
le **lièvre**, hare
la **ligne**, line
la **limonade**, lemonade
lire, to read
le **lit**, bed; **au lit**, in bed
la **livre**, pound
le **livre**, book
la **locomotive**, engine
loin, far
long(-ue), long
longtemps, (for) a long time
la **loupe**, magnifying glass
lourd, heavy
lui, to him, to her; (*emphatic*) he
lundi, Monday
la **lune**, moon
les **lunettes** (*f. pl.*), glasses

M

madame, madam, Mrs (*sometimes omitted in English*)
mademoiselle, Miss
le **magasin**, shop
magnifique, magnificent
la **main**, hand
maintenant, now
mai, May
mais, but; **mais oui**, certainly
la **maison**, house; **rentrer à la maison**, to return home
le **maître**, master
mal, badly
malade, ill
malheureux(-se), unhappy
malheureusement, unluckily, unfortunately
malhonnête, dishonest
la **malle**, trunk

maman, mother, mum, mummy

manger, to eat; donner à manger à, to feed

marcher, to walk, to go (*of watches, etc*).

mardi, Tuesday

le mari, husband

marqué, marked

mauvais, bad

même, same, even; quand même, all the same

mener, to lead

mentir, to lie, to tell a lie

la mer, sea

merci, thank you; merci beaucoup, thank you very much

mercredi, Wednesday; nous sommes mercredi, it is Wednesday

la mère, mother

mettre, to put, to put on; se mettre à table, to sit down (to a meal)

le meunier, miller

mieux, better; le mieux, the best

le milieu, middle; au milieu de, in the middle of

mince, thin

minuit, midnight

moi, I, me

moins, less; une heure moins le quart, a quarter to one

le mois, month

mon, my

le monde, world

la monnaie, change

monsieur, Sir, Mr (*sometimes omitted in English*); le monsieur, gentleman

monter, to go up; monter dans, to get into, onto

la montre, watch

montrer, to show, to point to

se moquer de, to tease, to make fun of

mort, dead

le mot, word

mouillé, wet

le moulin (à vent), (wind)mill

le mouton, sheep

le mur, wall

N

en nage, soaking with perspiration

nager, to swim

neiger, to snow

nettoyer, to clean; on ne la nettoie jamais, she is never cleaned

neuf(-ve), new, brand new

le neveu, nephew

ni ... ni ... ne, neither ... nor

le nid, nest

la nièce, niece

le Noël, Christmas

le nom, name; nom d'un chien! confound it all!

le nombre, number

nommez, name

non, no, not

nos, our

nouveau (nouvelle), new

le nuage, cloud

la nuit, night; il fait nuit, it is dark, it gets dark

le numéro, number

O

obligé de, obliged to

odieux(-se), odious

un œuf, egg; un œuf dur, hard-boiled egg

un oiseau, bird

une ombre, shade; à l'ombre, in the shade

on, one, we, you, they, people

une oreille, ear

un os, bone

oser, to dare

ôter, to take off, away, to pull away

ou, or

où, where

oublier, to forget
ouf! phew!
un ours, bear
ouvrir, to open

P

le panier, basket
le pantalon, trousers
papa, dad, daddy
le papier buvard, blotting paper
le Pâques, Easter
par, by; par la fenêtre, out of the window
le parc, park
parce que, because
par-dessus, over
pardon! excuse me! sorry!
pardonner, to forgive
parler, to speak, to talk
partir, to leave, to set out, off
partout, everywhere
le passage à niveau, level crossing
le passant, passer-by
passer, to pass; se passer, to take place, to happen
patatras! crash!
patiner, to skate
la patte, paw; la patte de derrière, hind leg
pauvre, poor
payer, to pay
pédaler, to pedal
pendant, during
pendant que, while
penser, to think
perçant, piercing
perdre, to lose, to waste
personne ... ne, no one, nobody
la personne, person
peu, little, not much; un peu, a little, a bit
la peur, fear
peux, peut, peuvent, see pouvoir
la pièce, coin
le pied, foot; à pied, on foot

piquer, to sting
le pique-nique, picnic; faire un pique-nique, to have a picnic
la piscine, swimming-pool
la place, seat; les places s'il vous plaît! fares please!
le plafond, ceiling
le plaisir, pleasure
la plaisanterie, joke
plaît, pleases; s'il vous plaît, (if you) please
la planche, plank
le plancher, floor
plein, full
il pleut, it rains, it is raining; il pleut à verse, it pours, it is pouring
la pluie, rain
la plume, nib
plus, more; plus fort, louder; le plus, the most; ne ... plus, no more, no longer
la poche, pocket
poli, polite
poliment, politely
la pompe à incendie, fire-engine
le pompier, fireman
le pont, bridge
porter, to carry, to bear, to wear
le porte-monnaie, purse
le porteur, porter
poser, to put, to place; poser une question, to ask a question
pour, for, in order to
pousser, to push, to grow; pousser un cri, to give a shout
poussif(-ve), wheezy
pouvoir, to be able to, can
se précipiter, to rush
préférer, to prefer
premier(-ère), first
prennent, see prendre
prendre, to take, to eat, to have (*meals*), to catch (*a train*)
préparer, to prepare
pressé, in a hurry
prêt, ready

prêter, to lend
le printemps, spring; au printemps, in the spring
le prix, prize
prochain, next
la promenade, walk; faire une promenade, to go for a walk
se promener, to (go for a) walk
propre, clean
punir, to punish
puis, then
puis-je? may I? *see* pouvoir

Q

le quai, platform
quand, when; quand même, all the same
quatre à quatre, four at a time
qui, who
quitter, to leave
que, that, which, whom; qu'est-ce que? what?; qu'est-ce que c'est que ça? what is that? qu'est-ce qu'il y a? what's up? what's the matter? ce que, what; qu'il est haut! how high it is! que je suis important? how important I am!
quel? quelle? what? which? quelle barbe! what a nuisance!
quelque chose, something
quelquefois, sometimes
quelques, a few
quelqu'un, someone

R

raccomoder, to mend
raconter, to tell (a story)
le raisin sec, raisin
ralentir, to slow down
se rappeler, to remember, to recall
rassis, stale
rayé, striped
le rayon, ray
le receveur, (bus) conductor

reçois, reçoit, reçoivent, *see* recevoir
reculer, to move back
refermer, to close (again)
regarder, to look (at)
regretter, to regret; je regrette, I'm sorry; je regrette beaucoup, I'm very sorry
remarquer, to notice
rencontrer, to meet
rendre, to give back; cela la rend grincheuse, that makes her grumpy
rentrer, to return, to go back; rentrer à la maison, to return home
le repas, meal
répondre, to reply, to answer
la réponse, answer, reply
se reposer, to rest
le reste, rest, remainder
rester, to stay, to remain
en retard, late
se réveiller, to wake up; réveille-toi, wake up!
le revenant, ghost
rêver, to dream
au revoir, good-bye
rien . . . ne, nothing
le rire, laugh
rire, to laugh
la rive, bank
la rivière, river
le rocher, rock
rond, round
rouge, red
ronfler, to snore
la roue, wheel
rouillé, rusty
rouler, to go (*of trains, cars, etc.*)
la route, road, way
la rue, street
rusé, cunning

S

sa, his, her, its
le sac, sack, bag

sage, good, well-behaved
sais, sait, *see* **savoir**
la **saison**, season
salir, to dirty
la **salle à manger**, dining room
le **salon**, living room
sans, without
la **santé**, health
sauf(-ve), safe
sauter, to jump, to leap; **elle fait sauter tout le monde,** she makes everybody jump
se **sauver**, to run away
savoir, to know, to know how to
sec, sèche, dry
sécher, to dry
secouer, to shake
le **secours**, help; **au secours!** help
la **semaine**, week
sembler, to seem
le **sentier**, path
le **serpent**, snake
se **servir de**, to use
ses, his, her, its
seulement, only
sévèrement, severely
si, if; **s'il,** if he, if it; **si,** yes (*in contradiction of a negative*)
le **sifflet**, whistle
le **singe**, monkey
sinistre, sinister
la **sœur**, sister
le **soir**, evening; **du soir,** in the evening
le **soleil**, sun
la **somme**, sum
sommes *see* **être**
sonner, to sound
ce **sont**, they are
sortir, to come out, to go out
soudain, suddenly
souffler, to blow
soulever, to lift up
le **souper**, supper
sourd, deaf
le **sourire**, smile
sous, under

souvent, often
le **spectacle**, sight
le **spectre**, ghost
splendide, splendid
stopper, to stop
le **stylo**, (fountain) pen
le **sud**, south
sur, on, onto
sûr, sure, safe; **bien sûr,** of course
la **surprise**, surprise; **faire une bonne surprise à quelqu'un,** to give someone a big surprise
surtout, especially

T

tant pis! never mind!
tard, late; **plus tard,** later
le **tas**, heap, pile
la **tasse**, cup
le **télégramme**, telegram
le **téléphone**, telephone
la **télévision**, television
le **temps**, time, weather; **à temps,** in time; **de temps en temps,** from time to time; **par ce temps-là,** in that kind of weather; **par tous les temps,** in all kinds of weather; **quel temps fait-il?** what's the weather like?
tendre, to hold out
la **terre**, earth, ground; **par terre,** on the ground
tes, your
la **tête**, head
le **thé**, tea
le **tigre**, tiger
le **timbre**, stamp
tirer, to pull, to shoot
toi, you
le **toit**, roof
tomber, to fall
ton, your
tordu, twisted
la **tortue**, tortoise

tôt, early
toucher, to touch
toujours, always, still
le tour, turn
tourner, to turn
tous, all; tous les . . ., every . . .
tout, all, everything; pas du tout, not at all; tout le monde everyone, everybody; tout ce qui, all that
tout, toute, all, quite
tout à coup, suddenly
tout de suite, immediately
en train de faire, making
transporter, to carry
le travail, work
travailler, to work
à travers, through
traverser, to cross
très, very
tricher, to cheat
triste, sad
tristement, sadly
troisième, third
trop, too, too much; trop gros pour, too fat to
trotter, to trot
le trou, hole
trouver, to find
se trouver, to find oneself, to be
tuer, to kill
le tuyau, pipe, hose

U

un, une, a, one; un des, one of the
utile, useful

V

va see aller
les vacances (f. pl.), holidays
vainement, in vain
vais see aller
la valeur, value
la valise, suitcase, handbag

la vapeur, steam
le vélo, bicycle
vendre, to sell
venir, to come
le vent, wind
la verité, truth; dire la verité, to tell the truth
le verre, glass
vers, towards
verse: il pleut à verse, it is pouring, it pours
la veste, coat, jacket
les vêtements (m. pl.), clothes
veux, veut, veulent see vouloir
la vie, life
vieux (vieil, vieille), old
la ville, town
le vin, wine
vite, quickly
la vitesse, speed; à toute vitesse, at full speed
la vitrine, shop window
voici, here is, here are; me voici, here I am; le voici, here it is, here he is; nous voici, here we are
voient see voir
voilà, there is, there are; voilà, there you are; le voilà qui arrive, there it is coming
le voisin, neighbour
voir, to see
la voiture, car, carriage
la voix, voice
voler, to fly
le voleur, thief, robber
vont see aller
votre, your
vouloir, to wish
le voyageur, traveller
vrai, true
vraiment, really
la vue, sight, view

Y

y, there, in them, on them, etc.